Iracy da Costa*

GERAÇÃO 3000

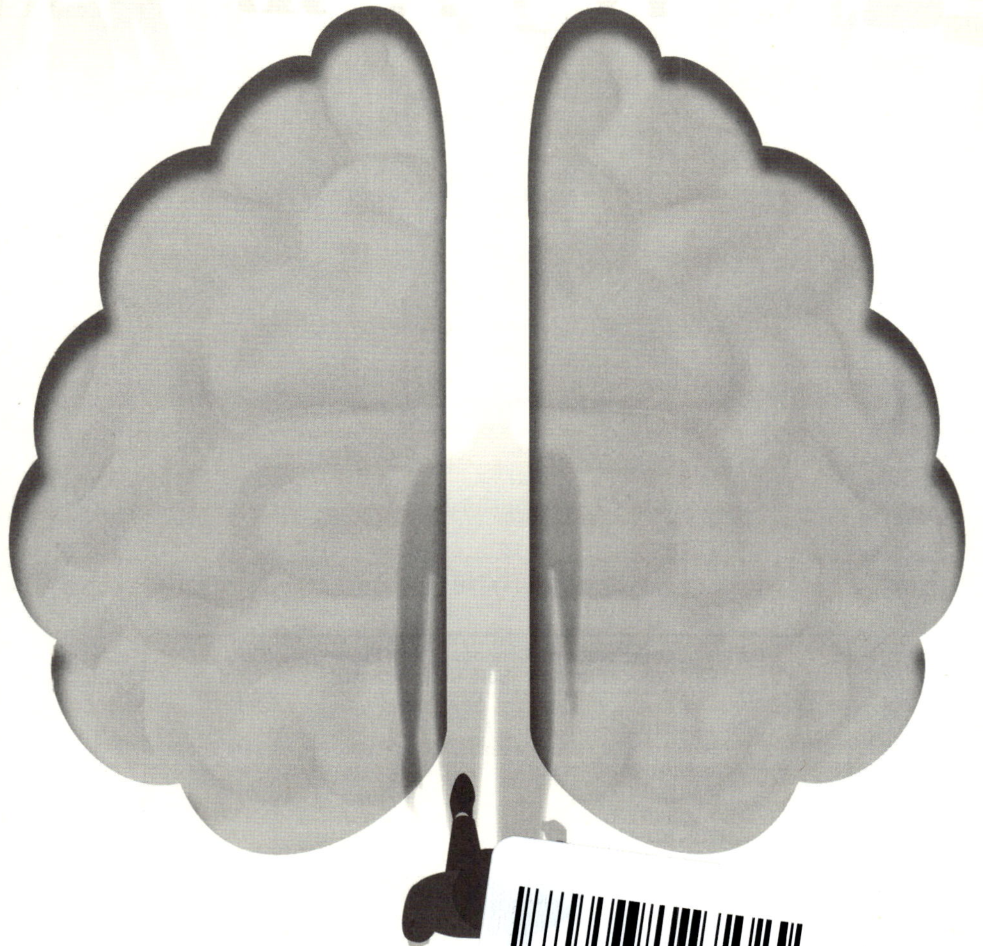

UM NOVO ...
PARA UM NOVO **CÉREBRO**
& UMA NOVA **SOCIEDADE**

Literare Books
INTERNATIONAL
BRASIL · EUROPA · USA · JAPÃO

Presidente:
Mauricio Sita

Vice-presidente:
Alessandra Ksenhuck

Diretora executiva:
Julyana Rosa

Diretora de projetos:
Gleide Santos

Relacionamento com o cliente:
Claudia Pires

Mentoria estratégica:
@janaina.paesoficial

Mentoria de carreira:
@fadelpalestrantes

Capa e projeto gráfico:
@mabilathuany

Diagramação:
Gabriel Uchima

Revisão:
Rodrigo Rainho

Impressão:
Gráfica Paym

Dados Internacionais de Catalogação na Publicação (CIP)
(eDOC BRASIL, Belo Horizonte/MG)

Costa, Iracy da.
C837g Geração 3000 / Iracy da Costa. – São Paulo, SP: Literare Books International, 2022.
16 x 23 cm

ISBN 978-65-5922-292-6

1. Literatura de não-ficção. 2. Liderança. 3. Relações entre gerações. I. Título.
CDD 658.3

Elaborado por Maurício Amormino Júnior – CRB6/2422

Literare Books International Ltda.
Rua Antônio Augusto Covello, 472 – Vila Mariana – São Paulo, SP.
CEP 01550-060
Fone: (0**11) 2659-0968
site: www.literarebooks.com.br
e-mail: contato@literarebooks.com.br

Aos meus pais

(IN MEMORIAM)

A meus pais, responsáveis pela base de tudo o que sei/sou.

À minha mãe, Dona Mercedes, professora de séries iniciais, com seu amor pelos estudos.

A meu pai, Seu Francisco (o Seu Chicuta), pelo amor ao trabalho. Combinação perfeita, onde uma não excluía a outra, que somadas se potencializaram e nos deram a sustentação tão necessária para construir os nossos legados.

À minha filha Aline, a quem eu dedico de forma especial este livro, por ser minha fonte de inspiração em tudo.

Agradecimentos

À Fadel Palestrantes, pelo trabalho ímpar que realiza com aqueles que têm o privilégio de fazer parte da sua equipe de palestrantes.

A uma pessoa a quem eu devo o fato de escrever este livro. Minha mentora amiga, inspiradora, Janaína Paes. Janaína é daqueles seres que, como dizem, constroem pontes. Só que ela não apenas constrói pontes. Se necessário for, escava túneis, abre passagens, e indica o caminho. O meu muito obrigado!

À Profª. Me. Andreia Vieira Maia, que orientou a pesquisa que finaliza este livro.

A todos os pais, professores, lideranças empresariais e aos jovens e adolescentes que aceitaram responder ao questionário da pesquisa. Muito obrigado pelo seu tempo. Foi muito importante.

Prefácio

Estamos vivendo um tempo histórico que jamais pensamos vivenciar, tudo mudou rapidamente, ou será que nós não percebemos os sinais? Pensar em liderança, educação, sociedade e futuro fez com que eu desejasse entender essas mudanças.

Então de modo inesperado cruzou o meu caminho a Iracy, trazendo essa temática, mas o que seria a tal Geração 3000 e que reflexões ela trazia em sua escrita corajosa e ousada?

As perguntas começaram a "borbulhar" em minha mente e eu precisava mergulhar nesta leitura em busca de respostas.

Uma leitura instigante e reflexiva na qual eu tentei encontrar meu lugar, meu encaixe, minha contribuição.

Creio que cada leitor também será instigado a pensar sobre si, sobre as pessoas ao seu redor, sobre suas conexões.

A proposta, como bem diz a autora, não é trazer respostas para todas as perguntas, mas levar cada leitor a pensar e refletir sobre o tema, estimular reflexões e impulsionar novas pesquisas nessa área.

Num mundo onde há uma fluidez de informações e conhecimentos, se faz necessário entender como estão sendo formadas as novas bases para o futuro da liderança, precisamos compreender para poder ajudar, e não somente as futuras gerações, como a nós mesmos nesse processo.

O convite está feito!

Eu aceitei, e desejo uma excelente viagem nesta leitura.

Profª. Andreia Vieira Maia,
Mestra em Educação.

O que você espera deste livro? Quais as suas expectativas?

SUMÁRIO

GERAÇÃO 3000

Introdução

"O que está acontecendo com os meninos e meninas de hoje?

Estamos testemunhando uma simples lacuna de geração ou há algo mais acontecendo?"

Noemi Paymal

GERAÇÃO 3000, UM NOVO LÍDER PARA UM NOVO CÉREBRO E UMA NOVA SOCIEDADE é um livro que propõe um novo olhar para o ato de exercer a liderança nos mais diferentes níveis, tendo por base uma maior compreensão das novas gerações. Ter um novo olhar para esses seres humanos que estão chegando e que são tão diferentes de nós, que apresentam comportamentos muitas vezes incomuns, com os quais não sabemos lidar. E também a tudo que envolve as relações entre as pessoas, independentemente da época que nasceram e da idade que têm hoje.

O QUE É A GERAÇÃO 3000?
QUEM SÃO OS SERES HUMANOS QUE A COMPÕEM?

A Geração 3000 é composta de indivíduos que nasceram em diferentes épocas e que apresentam ou apresentaram inteligência e comportamentos muito diferenciados da maioria dos demais. E que desde os anos 1990 têm sido identificados em maior número. Porém, é a partir dos anos 2000 que ficaram mais em evidência. Os seres humanos que a compõem são diferentes, contudo, não estranhos, estão nas nossas casas.

São os nossos filhos, netos, sobrinhos, alunos, aquele jovem estagiário, pessoas com quem convivemos diariamente, que amamos, que queremos proteger e ensinar.

Que muitas vezes, por não entendermos de fato o que está acontecendo com eles, em nome do amor, da ordem, enfim, de tudo o que acreditamos ser certo, adotamos posturas e tomamos atitudes que podem trazer mais prejuízos do que ganhos.

Lembro-me de quando minha filha nasceu. Era uma criança saudável, pois não apresentava nenhuma anomalia que pudesse preocupar. Porém, dormia pouco, se comparada com as demais crianças, rejeitou o seio, não quis mamar, tinha erupções na pele, identificadas no primeiro momento como infecção hospitalar e mais tarde como alergia. Era sensível à luz solar e a ruídos. Quando começou a andar, não suportava pisar na grama, dizia que machucava ou que fazia cócegas. Mais tarde, ainda, passou a se queixar especialmente de ruídos que a incomodavam, como frequências sonoras que eu não conseguia ouvir. Porém, nunca obtive um diagnóstico para essa questão.

Os estudos científicos que abordam esses temas são fragmentados e aparecem encaixotados em protocolos, que por sua vez nasceram de modelos viciados de análises. Quase todos os estudos e publicações que falam sobre as novas gerações trazem informações que contribuem com o mercado do consumo e muito pouco com os seres humanos, objetos desses estudos, muito menos para a humanidade como um todo.

Por essa razão, o objetivo deste livro é trazer um olhar que vá além do potencial consumidor, capaz de elucidar o porquê dos seus comportamentos e atitudes, que procure entendê-lo como ser humano e não como marionete de mercado. Que possa contribuir para evitar que, como líderes, seja na família ou em uma grande organização, quando em nome da proteção e do amor ou para atingir objetivos e metas econômicas, possamos cometer grandes erros.

É normal que, quanto maior for a diferença de idade, na mesma proporção também sejam as diferenças no modo de pensar e agir. Isso faz parte da evolução natural da vida. Mas é onde surgem os chamados conflitos entre gerações. Porém, o que antes era percebido em um espaço de tempo em torno de 20 a 30 anos de diferença, agora esse tempo vem diminuindo ao ponto de a cada ano de diferença de idade trazer novos e diversos grupos de comportamentos. Podemos perceber diversidades e conflitos entre seres que nasceram em períodos cada vez menores. Diante dessa nova realidade, o que mais ouvimos como explicação é que a grande responsável é a tecnologia. Ou seja, a teoria de que é o meio que faz o ser humano, e não o contrário.

*Diante dessa **nova realidade,** o que mais ouvimos como explicação é que a grande responsável é a **tecnologia**.*

Se for o meio que exerce tanta influência, por que, apesar de vivenciarmos tantas melhorias trazidas pelo avanço tecnológico, a humanidade está cada vez mais triste e confusa?

Presenciamos diariamente posturas negativas das pessoas diante da vida e dos seus semelhantes: a falta de valorização e compreensão, a intolerância como fator preponderante dos problemas de relacionamento e desencanto pela vida; a visão pautada nas coisas e não nas pessoas; a manutenção do entendimento do ato de trabalhar a partir da ideia de sacrifício, embora este tenha mudado radicalmente nos últimos anos; a beleza estereotipada, que leva a estados doentios... A falta de respostas para situações novas que não se encaixam nos padrões e protocolos conhecidos em todas as áreas do conhecimento, em especial na educação e na saúde; o medo e a insegurança de admitir que não se tem respostas para muitas das novas situações; a angústia de pais, professores e cuidadores que não sabem mais como lidar com as crianças de hoje.

Essas e tantas outras questões têm me inquietado e foram fatores que me levaram a querer buscar conhecimentos que pudessem trazer algumas respostas e ajudar a ressignificar os conceitos sobre a vida e tudo o que a cerca.

> A minha busca fez com que me deparasse com inúmeros conteúdos que me fizeram refletir ainda mais.

Muitos deles foram capazes de me tirar do lugar comum, a exemplo dos encontrados no livro da antropóloga francesa Noemi Paymal, reunidos no livro intitulado *Pedagogia 3000*.

Todo o material pesquisado, como era de se esperar, abriu portas para novas descobertas, como também para novas e múltiplas perguntas. Talvez até para mais perguntas do que respostas a todas as minhas indagações. À medida que ia tomando contato com esses materiais, percebi que ali estavam muitas das respostas para os meus questionamentos, as quais não havia até então encontrado. Uma das respostas foi sobre o que acontecia com a minha filha, hoje com 29 anos.

A palavra humanidade, que significa uma unidade, deveria ser suficiente para elucidar a importância de cada ser humano que a compõe. Porém nos perdemos em meio às nossas próprias criações. Passamos a dar mais importância para os inventos do que para os inventores, a nos debater com a multiplicidade de formas de utilização das mais diferentes ferramentas que criamos, a ponto de ficarmos estagnados no nível mais primário das necessidades humanas, cegos diante de nós mesmos e dos nossos semelhantes. Acredito que entender o que acontece com o ser humano é o caminho que pode nos ajudar a mudar a forma como vemos o mundo que nos cerca, e ter uma relação mais harmoniosa com o todo, a começar pelos nossos familiares.

Os estudos feitos por profissionais de diferentes áreas apontam para as mudanças que estão acontecendo na raça humana que podem explicar por que o mundo que nos cerca mudou tão radicalmente a ponto de nos deixar atônitos e perdidos. Muitas vezes sem saber como lidar com as transformações que chegam em quantidade e velocidade difícil de acompanhar.

Conscientes de que estamos presenciando mudanças sem precedentes nas crianças e jovens de hoje, mudanças que observamos tanto no âmbito físico e fisiológico, como no plano emocional, cognitivo, de conduta, ético e existencial, temos procedido como uma equipe multidisciplinar, há investigações sobre as mudanças na infância desde o ano 2000, em parceria com mais de 33 países da América Latina e da Europa.

Pedagogia 3000

A afirmação acima é de profissionais de diferentes áreas que se dedicaram à busca por respostas diferenciadas ao que vivenciam nas suas rotinas profissionais. Situações para as quais não encontram respostas nos tratados científicos que embasaram suas formações acadêmicas nos dão a certeza de que precisamos dedicar mais tempo para entender a nossa própria espécie.

A geração do Terceiro Milênio, como é denominada por estes pesquisadores, é que eu decidi chamar de Geração 3000.

Pois o resultado do que encontrei nas minhas pesquisas me faz pensar que, se a evolução da raça humana continuasse seguindo o ritmo descrito pelos estudos científicos mais conhecidos, essa geração com tantas diferenças neurofisiológicas, conforme apontam os estudos com os quais tive contato, só seria possível talvez daqui a mil anos. Ou seja, nos anos 3000.

A proposta deste livro não é dar respostas a todas as indagações e contradições com que tenho me deparado, dais quais tenho a convicção que são compartilhadas por muitos. Mas trazer reflexões e visões pouco discutidas ou até mesmo não pensadas por muitos setores e profissões. Acredito que as mais diferentes áreas do conhecimento terão forçosamente que rever os seus *modi operandi* para poder contemplar essa geração, a Geração 3000. Para mim, esses novos seres humanos são como moradores ilustres, que chegaram antes da casa estar pronta para recebê-los.

Pois anteciparam a chegada em mil anos, trazendo consigo conhecimentos que não estávamos preparados para compreender, capacidade para desenvolver equipamentos em quantidade e variedade que não tivemos tempo para aprender a lidar com eles, e em especial com as consequências do seu uso, a exemplo da aplicação dos conhecimentos tecnológicos nas mais diferentes áreas, que vão desde a produção de um simples objeto à biotecnologia e ao desenvolvimento das já conhecidas inteligências artificiais.

O fato de termos sido atropelados pelas mudanças e inovações nos fez perder a noção do tempo e dos valores que tínhamos como direcionadores para viver. Por essa razão, senti a necessidade de iniciar com uma exposição sobre como as teorias geracionais classificam a humanidade a partir da época em que nasceram para melhor compreensão do que eu denominei como Geração 3000. Trago também a minha visão de como senti as mudanças a partir da minha história e experiências ao longo da vida, em que percebo um mundo perdido, que tenho a certeza de que muitos dos que me derem a honra de ler o que escrevo irão se deparar com as mesmas memórias. Lembranças essas que mais parecem sonhos do que vivências reais, porém, fundamentais para a compreensão da atualidade, do como e por que nos sentimos frequentemente perdidos.

*Quando nos colocamos ou nos colocam na posição de **liderança**, costumamos nos fixar em pontos que nem sempre nos dão a melhor visão dos fatos e das pessoas.*

Deixo o convite para juntos tentarmos olhar as coisas, e o mundo como um todo, de diferentes ângulos.

Quando nos colocamos ou nos colocam na posição de liderança, costumamos nos fixar em pontos que nem sempre nos dão a melhor visão dos fatos e das pessoas, pois tudo o que existe é mais complexo do que aparenta ser e os nossos atos provocam mais reações e influenciam nos resultados mais do que podemos imaginar.

Quando agimos motivados por padrões, sejam eles morais ou técnicos, sem que tenhamos consciência de onde vieram e qual o conjunto de razões e interesses os construiu, estamos fadados a agir de forma inconsciente, apenas instigados pela necessidade de dar respostas que satisfaçam e que levem aos resultados para manter esses mesmos padrões.

Os conflitos entre gerações sempre marcaram e continuam marcando a vida e os relacionamentos, tanto entre pais e filhos como nos ambientes organizacionais. De tempos em tempos, as equipes são renovadas dando lugar a pessoas mais jovens. Essas trocas vêm quase sempre acompanhadas de um clima de insegurança, envoltas por julgamentos e avaliações negativas sobre os antecessores. Funcionando como uma espécie de juízo final. Pois o padrão a ser mantido é o da inovação das coisas que sustentam o modo de vida que adotamos como sociedade.

*Os conflitos entre **gerações** sempre marcaram e continuam marcando a vida e os **relacionamentos**, tanto entre pais e filhos como nos ambientes organizacionais.*

Confesso que passei muito tempo com o olhar viciado pelas crenças alimentadas ao longo da vida, que foram sendo construídas desde a infância e potencializadas pelas teorias com as quais tive contato ao longo da minha formação escolar, mais fortemente durante o período como universitária. Mais tarde, com o desenrolar da minha jornada profissional como líder, passei por momentos de conflitos entre o que aprendi na universidade e o que o papel de líder de uma organização voltada para o ramo industrial me exigia.

Quando fui convidada a exercer um cargo de liderança, me senti desafiada a provar que eu era capaz, especialmente por não ter uma formação universitária que me credenciasse para esse papel. Pois o mundo corporativo pertencia aos que detinham uma formação voltada para a produção e o consumo. O contrário da minha. Sou graduada em Serviço Social. Concluí minha faculdade nos anos 1980, exatamente no ano e mês em que oficialmente acabou o período da ditadura militar no Brasil, março de 1985. Período em que os movimentos sociais ganhavam força e os profissionais de Serviço Social eram vistos como questionadores e, na sua maioria, de esquerda. O que não deixava de ser uma verdade.

As empresas dificilmente abriam espaço para estágio, e tampouco para contratação de profissionais de Serviço Social, pois temiam que fossem apoiadores dos movimentos trabalhistas, que acabavam por trazer problemas e prejuízos para o setor produtivo. Essa era a visão.

Os espaços de trabalho para exercer a profissão encontravam-se nas organizações sem fins lucrativos e públicas.

Era como se, estando lá, então não poderíamos influenciar e gerar desconforto no ambiente produtivo.

Ao assumir pela primeira vez oficialmente a função de líder, em 1990, iniciei um período difícil até encontrar o equilíbrio entre as teorias que incorporei, durante a fase universitária, e as teorias administrativas que comecei a ter contato, bem como a postura que eu encontrava naqueles que eu tinha como pares na liderança. Acabei por assumir uma postura de liderança mais autoritária, que me colocava entre os que eram vistos como "competentes". Postura nem sempre respeitosa para com todos. Mas acreditava que assim seria vista e aceita naquele universo.

Foi em meio a esses dilemas que comecei a perceber que, por várias vezes, me via tomando atitudes que fugiam ao modelo que eu havia adotado, para provar que era capaz. E sempre que isso acontecia os resultados eram positivos, que não havia a necessidade de manter um único padrão e nem negar todo o meu aprendizado, que os conhecimentos que estava adquirindo no universo corporativo não eram necessariamente opostos aos que eu já havia incorporado a partir de outra visão, que eles poderiam ser complementares.

Para mim, a qualidade dos relacionamentos entre equipes, e entre equipes e líderes, é o fator determinante para o sucesso em qualquer lugar ou ambiente.

Contudo, um bom relacionamento não se estabelece apenas por atos de cordialidade, mas por um conjunto de atitudes que, somadas, trazem confiança e estabelecem o que eu chamo de acordos baseados em clareza, coerência e respeito.

*A **qualidade** dos **relacionamentos** entre equipes, e entre equipes e líderes, é o fator determinante para o **sucesso** em qualquer lugar ou ambiente.*

Mais que entender de processos, o líder precisa entender de gente.

É necessário ter conhecimento para lidar com o ser humano e suas diferenças. Ter claro que, além de uma equipe não se manter com os mesmos membros por muito tempo, os seres humanos que compõem essa equipe também não permanecem os mesmos ao longo do tempo. É necessário lidar com as mudanças dos que você conhece e buscar entender os que estão chegando, para fazer parte do meio que já criou seus códigos de convivência. Isso vale tanto para as famílias como para as organizações.

Ao longo da minha vida profissional, como líder de grandes equipes, me deparei com uma diversidade incalculável de grupos e pessoas de diferentes origens culturais, níveis educacionais e formações. Dos meus trinta anos na liderança, foram nos últimos quinze que os desafios se intensificaram. Eu, assim como a maioria, acreditei que apenas a influência da tecnologia transformou tudo o que conhecíamos, nos tirando a tão sonhada segurança e tornando tudo mais urgente. A minha geração vivenciou o momento em que surgiu a necessidade de dar respostas para várias coisas ao mesmo tempo e com prazos cada vez menores. Associado a isso, tivemos que aprender a lidar com as ferramentas tecnológicas que surgiam para auxiliar esse novo modelo onde os ambientes corporativos passaram a ser inseridos.

É necessário lidar com as ***mudanças*** *dos que você conhece e* ***buscar entender*** *os que estão chegando, para fazer parte do meio que já criou seus códigos de convivência. Isso vale tanto para as famílias como para as organizações.*

No momento em que acreditamos que já tínhamos adquirido experiência e conhecimento para exercer a liderança com maior tranquilidade, nos vimos mergulhados em um novo e desconhecido mundo, repleto de mecanismos que no início de nossas carreiras não seria possível imaginar e que não paravam de chegar e se modificar. Mas não foi apenas isso.

A cada geração que chega ao mercado de trabalho, o desafio para entendê-la se torna maior.

Os estereótipos passaram a emergir de ambos os lados.

Os padrões, aos quais respondemos sem refletir, fazem com que os que chegam venham cheios de novidades e se estabeleçam sobre o que passam a chamar de geração ultrapassada, acreditando que têm como principal desafio fazer o que os outros não tiveram competência para fazer. Esquecem-se de que o tempo continua passando e que sem muita demora o seu tempo de ser avaliado e substituído também chegará. Fica aí estabelecida uma guerra interminável.

Esse padrão é alimentado pelas próprias organizações e não é de hoje, e nem foi uma criação ou necessidade surgida com a tecnologia. Esta apenas potencializou. Vivenciei isso quando fui contratada pelo SESI como Assistente Social há quase quarenta anos. Na ocasião, me foi passada uma imagem das minhas colegas de profissão, das cidades da região onde eu iria trabalhar, como profissionais ultrapassadas. Era como se a própria empresa avalizasse uma postura de enfrentamento e arrogância.

Esse padrão é alimentado pelas próprias organizações e não é de hoje e nem foi uma criação ou necessidade surgida com a ***tecnologia****.*

Qual não foi minha surpresa quando as conheci! Eram pessoas que detinham um sólido e coerente conhecimento, baseado nas experiências vivenciadas, e não fruto apenas de teorias encontradas nos livros, a exemplo das muitas que tive contato durante a graduação.

Quando passei a reconhecer e elogiar o trabalho dessas profissionais, percebi que a expectativa sobre mim foi diminuída, como se tivessem se enganado, ou pior, como se eu os tivesse enganado. Desmerecer quem já estava na casa há mais tempo, ignorando o saber que construíram e os resultados alcançados de acordo com o tempo e o espaço que ocuparam, virou uma prática no mundo corporativo, e que se mantém como um referencial para provar a competência de quem chega. O que é reconhecido como domínio para o momento ignora a competência que foi necessária no passado, bem como fortalece a ideia de que novas habilidades são impossíveis de serem aprendidas pelas mesmas pessoas em tempos diferentes. Esquecem-se de que, ao proceder assim, estão automaticamente certificando que também têm o mesmo prazo de validade.

Essa é uma ferramenta eficaz na manutenção do padrão.

A meta aqui é propor a soma de saberes que se complementam e reduzem as lacunas criadas por crenças e medos adquiridos a partir de ideias e ideologias que servem apenas a alguns. Que os seres humanos, assim como tudo que existe no universo conhecido, sempre estiveram e continuam em constante evolução e transformação. E que, de tempos em tempos, essas transformações ocorrem de forma mais acelerada, causando ainda mais desconforto e insegurança, minando as relações e tornando a convivência mais difícil.

Não podemos ignorar a influência que as principais instituições que fazemos parte ao longo da vida – mesmo quando não frequentamos diretamente, como é o caso da igreja – exercem sobre o comportamento, além de ditar o modo de vida do conjunto da sociedade, e o quanto isso afeta cada um individualmente.

A meta aqui é propor a soma de ***saberes*** *que se complementam e reduzem as lacunas criadas por* ***crenças*** *e medos adquiridos a partir de ideias e ideologias que servem apenas a alguns.*

Para aqueles que se interessarem por este livro, convido-os a ler, sem expectativas de encontrar respostas prontas nem verdades absolutas, mas de se colocarem abertos às possibilidades de buscar novos olhares para o que se passa à sua volta, "desencapsulando" os conhecimentos que já possuem para reexaminá-los sob outra ótica.

Desejo uma boa leitura.

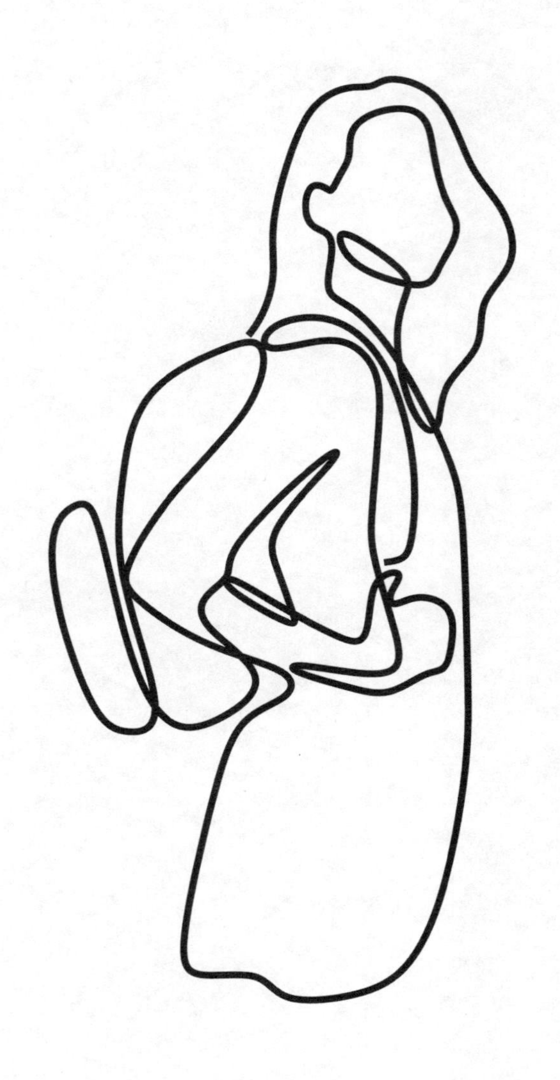

CAPÍTULO 01

Quem é a Geração 3000?

A Geração 3000 é formada por um conjunto de seres humanos que, diferentemente da classificação conhecida para as demais gerações, não é identificada somente pela época em que nasceram. Mas por um conjunto de características que os diferencia dos demais.

No livro *Pedagogia 3000*, da autora Noemi Paymal, em especial no compilado de estudos de diversos profissionais, intitulado de "aportes científicos", que embasaram o livro, encontrei o termo "seres do terceiro milênio", partindo desse termo associado a outros estudos para tentar entender o mundo em que vivemos. Mundo este cercado de muitos conflitos que vão desde os familiares aos organizacionais, culminando nos inúmeros conflitos consolidados no conjunto da sociedade à qual pertencemos e tentamos todos os dias nos encaixar e encaixar os demais, nos adaptando a tantas transformações, em especial às ocorridas nas últimas décadas, percebi que essas transformações têm a mesma origem de todas as demais transformações pelas quais o mundo passou até os dias atuais. São oriundas de descobertas e inventos de mentes brilhantes, assim como as ocorridas ao longo de toda a história da humanidade. Sempre que essas descobertas foram divulgadas e colocadas em prática, provocaram alterações no modo de ver o mundo e de fazer as coisas. A exemplo do motor a vapor, da energia elétrica, do rádio, do telégrafo e de tantas outras. Todas indistintamente nasceram de mentes diferenciadas.

> Essas mentes, ou melhor, esses seres humanos, também diferentes entre si, cada um detentor de capacidades únicas, têm se multiplicado nas últimas décadas, sendo observado um maior aumento a partir dos anos 2000. Esse conjunto de seres humanos resolvi denominar de Geração 3000.

Não apenas porque são nascidos no terceiro milênio, mas porque suas mentes mais parecem de seres à nossa frente pelo menos mil anos. Como se já estivéssemos nos anos 3000.

Muitos apresentam comportamentos tão diferenciados que nos assustam. Comportamentos e capacidades que, vistos pela ótica do que entendemos por normal, facilmente os classificamos como anormais ou doentes.

Quando se trata de aprendizado, as principais características são: autodidatas, apresentam perfil de liderança desde muito cedo confundido com teimosia, rebeldia ou falta de educação; alta sensibilidade, tanto física, nos cinco sentidos, como emocional, social, ética e espiritual; metabolismo mais acelerado; inteligência emocional supradesenvolvida, com maior velocidade de entendimento, capacidade para atuar imediatamente, sensação de certeza e visão holística; ampla utilização do hemisfério cerebral direito que desenvolve várias capacidades, entre elas, aprendizagem visual, criatividade, expressão verbal (podemos notar aqui a capacidade de oratória e fluidez de ideias que as crianças de hoje apresentam); talentos psíquicos, chamados de parapsíquicos ou intuitivos com capacidades inatas de clarividência, telepatia e outras faculdades extrassensoriais.

Fala-se do desenvolvimento de uma nova parte do cérebro, o que está sendo chamado de quarto cérebro, que são os lóbulos pré-frontais, região do cérebro situada na parte da frente do cérebro, responsável por processos cognitivos. Conceito introduzido por Michelle Fortune (investigadora e pedagoga francesa) e trazido nos estudos intitulados como "aportes científicos", já citados anteriormente, pela Dra. Rocio Monge Scaldaferri, médica equatoriana, e pelo Dr. Nicolas Lujan, pediatra argentino.

Embora já existam alguns estudos se referindo a essas mudanças, tudo ainda é muito novo e, por que não dizer, um tanto assustador.

Um exemplo é o elevado número de diagnósticos de Déficit de Atenção de Transtorno do Espectro Autista, que tem colocado em alerta principalmente pais que são surpreendidos com comportamentos e atitudes de seus filhos, com os quais não sabem lidar.

*Muitos apresentam **comportamentos** tão diferenciados que nos **assustam**.*

À medida que vai crescendo essa dificuldade, vai ganhando outros contornos, como as dificuldades na escola, que vão desde a aprendizagem aos relacionamentos. E, quando chegam ao mercado de trabalho, na maioria das vezes, essas dificuldades tendem a se a acentuar. Vemos expressões como ansioso, deprimido, sem foco, descomprometido, imediatista etc.

Muitos são tão diferentes a ponto de serem confundidos e classificados como doentes ou anormais. Porém basta apurarmos a nossa atenção que vamos perceber que grandes personalidades da nossa história, tanto do passado como da história recente, os que figuram ou figuraram como grandes nomes pelos seus feitos, tinham todas as características ou foram diagnosticados com algum nível de TEA (Transtorno do Espectro Autista) e

Síndrome de Asperger. Entre eles: o bilionário, dono da Tesla, Elon Musk; Greta Thunberg, vista como a nova liderança mundial; a cantora britânica Susan Boyle; o nadador, medalhista olímpico, Michael Phelps; o mundialmente conhecido ator de cinema Anthony Hopkins; Sotoshi Taijiri, criador do Pokémon; Bill Gates, talvez o maior nome da tecnologia mundial.

No passado, figuras que se destacaram, consideradas gênios e que tinham as mesmas características: Van Gogh, que viveu apenas 37 anos, mas que deixou um dos mais valiosos e conhecidos acervos artísticos, considerado uma das figuras mais famosas e influentes da história da arte ocidental, criador de mais de dois mil trabalhos ao longo de pouco mais de uma década; Isaac Newton, matemático, físico astrônomo, teólogo e autor inglês. Um dos cientistas mais influentes de todos os tempos; Nikola Tesla, engenheiro eletrônico e engenheiro mecânico sérvio. As invenções de Tesla proporcionaram muitas das facilidades tecnológicas que temos hoje em dia. Um visionário que viveu ente 1856 e 1943; Albert Einstein, físico teórico alemão que desenvolveu a teoria da relatividade.

Mesmo que pelos protocolos médicos assim seja reconhecida a condição de quem é diagnosticado com alguma ***síndrome****, não podemos dizer* ***jamais*** *que isso possa ser* ***incapacitante****.*

Minha pergunta é: poderíamos chamar qualquer um desses seres humanos citados acima de anormais ou doentes?

Mesmo que pelos protocolos médicos assim seja reconhecida a condição de quem é diagnosticado com alguma síndrome, não podemos dizer jamais que isso possa ser incapacitante.

Seres humanos desse quilate formam a Geração 3000. Geração essa que está crescendo e tomando conta do planeta, com a qual não temos sabido direito como lidar. Principalmente como exercer liderança diante deles, começando pela liderança familiar, a educacional, e culminando nas organizações que, envoltas por um modelo de gestão competitivo e materialista, têm cada vez mais dificuldade de conciliar os modelos de negócios com quem executa as tarefas que irão produzir os resultados planejados por mentes diferentes das suas.

Ao longo dos próximos capítulos, tento descrever quem são e os desafios de cada área frente a essa nova e surpreendente geração. Porém, antes, vamos explorar um pouco o universo das já classificadas gerações.

GERAÇÕES: DOS BABY BOOMERS À 3000
GERAÇÕES: COMPORTAMENTOS E EXPECTATIVAS

Atualmente temos ouvido com muita frequência as queixas de pais, avós, cuidadores e professores relacionadas ao comportamento das crianças e jovens. Vários estudiosos do comportamento humano têm publicado seus estudos e opiniões acerca do que pode estar acontecendo. Alguns associam ao advento da internet e a todo o arsenal tecnológico que incorporamos nos últimos anos, especialmente nas últimas duas décadas. A verdade é que, apesar dos muitos novos conceitos que foram criados, há mais perguntas do que respostas diante da falta de capacidade para lidarmos com situações por vezes inusitadas.

Provavelmente, desde que o homem existe na face da Terra, ou pelo menos desde que se tem registros, existem conflitos entre as gerações.

É tido como normal que, a cada geração, os mais jovens questionem e não aceitem tudo o que seus antepassados (pais, avós, bisavós) tinham como certo. Isso é o que faz com que valores e crenças sejam alterados ao longo do tempo, bem como o modo de vida de cada época. Ou seja, é o ingrediente necessário para fomentar as mudanças e a evolução na forma de pensar e agir.

Desde as primeiras tentativas para definir o que é uma geração, que datam do início do século XX com os estudos de Karl Mannheim, na sua obra intitulada *O problema das gerações na história da arte europeia* que foi publicada em 1926, em outras palavras, o autor define geração como um conjunto de pessoas com idades semelhantes, que viveram no mesmo tempo e espaço (ambiente) e testemunharam os mesmos eventos.

Desde então, outros autores vêm criando suas próprias denominações e classificações para separar a humanidade em grupos, usando essa mesma lógica.

Nos anos 1990, autores a exemplo de Willian Strauss e Neil Howe têm ampliado esse conceito e apresentado novas definições para os diferentes grupos. A separação por época de nascimento continua sendo a principal referência. Willian Strauss e Neil Howe, além da idade, das crenças e comportamentos, fazem uma analogia da época de nascimento com as estações do ano.

Contudo, o que pretendo trazer aqui não é o olhar específico de um ou de outro autor, mas um resumo dos diversos textos que encontrei sobre esse tema. Pois são muito semelhantes, embora existam algumas divergências na forma ou mesmo nos períodos, que os diferentes estudos encontrados sobre o tema usam para dividir a população no que denominam de gerações.

Vale dizer que as designadas teorias geracionais se baseiam em tendências e não propriamente no que de fato é o desejo do indivíduo, para criar as divisões e classificar os seres humanos. Ou seja, tentam enquadrar os seres humanos nos interesses comerciais ditando o que devem querer e não o contrário, embora façam parecer que a lógica é a inversa.

Vamos trazer aqui uma pequena descrição das divisões mais conhecidas que separam os nascidos entre 1940 e 2010 em cinco categorias. Vale lembrar que esses períodos que separam as gerações não são exatos, mas sim aproximados. As terminologias conhecidas e utilizadas especialmente pelo marketing são: Geração Baby Boomers, Geração X, Geração Y ou Millennial,

Geração Z e Geração Alpha. Iniciando com os oriundos do período pós-guerra até a primeira década do século XXI.

Os conceitos a seguir têm como propósito auxiliar na compreensão do tema central deste livro, que trata do que eu chamo de Geração 3000, mas que não se baseia em uma época específica, mas sim em características encontradas em indivíduos de diferentes épocas, responsáveis pelas transformações que vivemos, conforme será tratado na sequência.

*A **troca** de **emprego** é comumente vista com **desconfiança** ou como um sinal de **descompromisso** ou incompetência.*

Os primeiros – BABY BOOMERS – nascidos entre 1946 e 1964. Foram assim denominados pelo aumento no nascimento de bebês a partir do fim da Segunda Guerra Mundial, onde se deu o início da explosão da população no mundo.

Foi uma geração que contribuiu para a reestruturação do mundo pós-guerra. Comparados por Willian Strauss e Neil Howe com a primavera, por surgirem após uma grande crise. São identificados pela valorização do trabalho duro. Pois foram educados a buscar melhoria econômica e as melhores oportunidades de trabalho. Por terem herdado a preocupação de seus pais, que viveram épocas de grande escassez e insegurança, a estabilidade é um valor cultuado por essa geração, como o fato de permanecer em um único emprego durante toda a vida profissional. A troca de emprego é comumente vista com desconfiança ou como um sinal de descompromisso ou incompetência. A posse de bens, como casa própria e carros, lhes traz a sensação de segurança. Têm hoje entre 56 e 75 anos de idade. Formam hoje o maior contingente dos que ocupam cargos de alta liderança ou mesmo como fundadores de grandes empresas.

A inovação frequentemente os assusta, pois significa mudanças e ameaça à estabilidade e à segurança que sempre buscaram. A aceitação pela inovação só foi possível para essa geração porque trouxe também a garantia de manter ganhos financeiros e estabilidade econômica. Foram como que vencidos pela ameaça que a estagnação poderia representar para a estabilidade que sempre cultuaram.

Podemos dizer que é uma geração que vê valor no que é material e o que vem a partir dele, pois herdaram de seus pais o medo da escassez que sofreram nos períodos de guerra. Suas maiores expectativas e sonhos, pelos quais trabalham, são: a estabilidade econômica e uma vida com segurança financeira. Têm a disciplina e o trabalho como regra.

Os segundos – a Geração X – nascidos entre 1965 e 1980. Têm hoje entre 41 e 56 anos. Filhos dos Baby Boomers, procuram imitar o sucesso dos pais. Mas são vistos como sonhadores e idealistas. A geração da eterna juventude. É a geração que viveu e foi responsável pelas maiores transformações sociais a partir da segunda metade do século XX. Viveram fases ideológicas marcantes que mudaram muito os conceitos e crenças vividas até então por seus pais.

Experimentaram mudanças que foram protagonizadas pelos mais jovens da geração anterior e vividas e sustentadas por esta geração. Mudanças que romperam, especialmente, com valores morais vividos e considerados como certos pela geração que os antecedeu. A exemplo do moralismo sexual que atingia especialmente as mulheres, quase sempre baseado em princípios religiosos e legais que sufocava e condenava tanto do ponto de vista moral como legal. Este foi duramente afrontado pela geração dos anos 1960 com o movimento *hippie*, foram os jovens dessa geração que impulsionaram a chamada revolução sexual, que com o lema "Paz e Amor" enfrentaram as pressões e as inúmeras críticas ao comportamento que adotavam, sempre com a bandeira de maior liberdade.

Eu mesma ouvi muito da minha própria mãe uma indagação que era comum na época: ***o que será desta juventude****?*

Foi um período de grandes conflitos geracionais, em especial no seio familiar, onde pairava a insegurança do que poderia acontecer com o futuro, em especial das mulheres. Eu mesma ouvi muito da minha própria mãe uma indagação que era comum na época: o que será desta juventude?

Foi nessa mesma época que surgiram as pílulas anticoncepcionais, que auxiliaram para revolucionar o comportamento moralista da época. O grande objetivo era o controle da natalidade, uma vez que na geração anterior houve uma verdadeira explosão e começava a ser um problema, principalmente entre as famílias pertencentes às classes de menor renda. Mas, junto ao controle de natalidade, veio também uma maior liberdade, em que novamente as mulheres foram as mais impactadas. O sexo fora do casamento ainda era condenado, representava uma ameaça real, não apenas pela pressão moral, mas porque uma gravidez as colocava em uma condição, na maioria das vezes, de abandono e exclusão, tanto da própria mulher, quanto de seu filho.

Também foi nessa geração que o divórcio começou a ser aceito, porque até então uma pessoa separada não era bem-vista pela sociedade, embora nessa época ainda houvesse um misto de condenação e desejo de mudança.

No Brasil, o divórcio só foi legalizado em 26 de dezembro de 1977, com a Lei do Divórcio (Lei 6.515/1977), fruto de uma emenda constitucional proposta pelo Senado.

Embora tenha havido muitos avanços, o padrão machista resistiu, os homens não eram cobrados pelos padrões morais, o sexo fora do casamento ainda continuou sendo um fator desmoralizador para as mulheres e esse tipo de cobrança da sociedade perdurou por vários anos ainda, sendo vivenciado fortemente pelos nativos dessa geração.

Todos esses fatores contribuíram com os movimentos feministas, fazendo com que se tornassem cada vez mais fortes, onde a conquista de direitos pelas mulheres logrou êxitos, foram responsáveis por muitas transformações no modo de ver e tratar, não apenas as mulheres, mas os seres humanos em geral, entre os quais a rejeição por atitudes e comportamentos racistas, a exemplo de piadas com negros e estrangeiros, que começaram a ser vistas como inadequadas e sem graça.

Um marco que demonstra que os direitos conquistados são frutos desses movimentos, e que somente a constância da busca é que traz resultados, é o fato de somente onze anos após a legalização do divórcio, com a Constituição Federal de 1988, é que o Brasil autorizou a instituição da cidadania e dos direitos humanos para as mulheres brasileiras. Fruto de lutas que se iniciaram nos anos 1960, fazendo com que o resultado das suas ações fosse capaz de mudar crenças, gerando resultados concretos em muitas partes do mundo.

Foi uma geração que valorizou muito a formação técnica e universitária para enfrentar um mercado de trabalho que ficava cada vez mais competitivo. Nesse campo, a desigualdade entre homens e mulheres voltou a se intensificar, ficando cada vez mais evidente.

Embora ainda hoje encontremos desigualdades entre homens e mulheres no mercado de trabalho, há 50 anos essas desigualdades eram infinitamente mais profundas e sequer eram discutidas abertamente. Muitas das conquistas que usufruímos hoje podemos dizer que tiveram origem com essa geração. Pois, até na hora de buscar a formação universitária, os cursos eram claramente distintos para homens e mulheres. Não obstante não houvesse nenhuma lei que impedisse uma mulher de escolher uma profissão específica, as crenças e os valores da época levavam as mulheres a optarem por uns cursos e os homens por outros, a exemplo das engenharias e da pedagogia. Havia até uma expressão: "Profissão de homem ou de mulher".

Foi a geração que mais fortemente lutou para romper com as ideias e os preconceitos oriundos das gerações anteriores, apesar de ter crescido sob regimes governamentais autoritários. No Brasil, coincidiu com o período em que o regime governamental vigente era a ditadura militar.

Foi essa geração que presenciou a chegada dos primeiros computadores. Evento que prenunciou a transformação do modo de vida de toda a humanidade. Essa foi a geração que teve maior contato com os efeitos da chamada Terceira Revolução Industrial, que iniciou com os Baby Boomers os anos 1940, onde as indústrias da robótica, genética, informática, telecomunicações, eletrônica, entre outras, assumiram destaque no cenário mundial, e os avanços nessas áreas modificaram o sistema produtivo.

A meta era o aumento da produção no menor tempo possível. Para isso, tecnologias avançadas foram empregadas. Houve grande investimento na qualificação da mão de obra para assumir a liderança em todas as etapas, da produção à comercialização. Bem como na gestão das empresas envolvidas na fabricação e comércio dos bens produzidos.

A maior parte das tecnologias usadas nessa época tinham sido criadas para servir à Segunda Guerra Mundial. Porém, nesse período, além da criação de novas tecnologias, houve o aprimoramento de invenções mais antigas associadas ao processo produtivo, algumas oriundas da Segunda Revolução Industrial. As máquinas se tornaram mais eficientes e mais precisas, os robôs passaram a fazer parte do processo produtivo, possibilitando a redução da mão de obra e consequentemente o aumento dos lucros. A inclusão dos robôs no processo produtivo trouxe muita insegurança para a população trabalhadora, que se via ameaçada pela perda dos seus postos de trabalho.

*Essa geração marca o início de uma grande **mudança** da **humanidade**. Já nasceu com a tecnologia.*

Foi uma geração que teve a liberdade como bandeira, muito embora ainda tenha permanecido presa aos padrões herdados dos seus pais. Valorizando a ascensão a postos de comando como símbolo de sucesso e poder. Também contribuiu para a melhoria das condições de trabalho, mecanizando e diminuindo o emprego do esforço físico na realização de muitas tarefas.

Os terceiros - a Geração Y ou MILLENNIAL - nascidos entre 1981 e 1996 – assim denominados por nascerem no final do milênio, têm hoje ente 25 e 40 anos. Essa geração marca o início de uma grande mudança da humanidade. Já nasceu com a tecnologia. Pois com ela nasceu também o que hoje é parte da vida de todos. A sigla “www”, que é a abreviação de World Wide Web (“rede mundial”) e que está completando apenas 30 anos, uma vez que surgiu no início dos anos 1990.

É uma geração que apresenta características bem distintas das gerações anteriores. E, talvez por isso, sejam atribuídos aos integrantes dessa geração tantos estereótipos de teor negativo, entre eles: preguiçosos, egoístas, insatisfeitos, fúteis, incoerentes, impulsivos, rebeldes e bagunceiros.

Não faltam denominações pejorativas para descrevê-los. A razão disso vem do fato de, apesar de usarem outros métodos, também tendem a quebrar muitos dos padrões de comportamento já consolidados. Apresentam fortes discordâncias em relação ao que estava posto. A partir de um comportamento diferenciado, forçam a quebra de valores e padrões impostos pela sociedade, reconhecidos e aceitos pelas gerações anteriores. Não seguem fluxos sem questionar, como faziam seus pais e avós. A ideia de que trabalho duro dignifica não está no seu vocabulário. Desejam crescimento profissional e financeiro rápido. O conceito de estabilidade por nós conhecido não é reconhecido por eles. A construção de famílias como conhecemos e concebemos durante décadas, para esta geração, não é uma prioridade nem mesmo um modelo a ser seguido. O modelo e o conceito de família ganharam outros contornos.

__Valorizam a educação__ e apresentam uma capacidade de aprendizado muito maior. São __multitarefas e competitivos.__

Porém são de fato diferenciados, se destacam pela criatividade, pela preocupação com as causas sociais. Valorizam a educação e apresentam uma capacidade de aprendizado muito maior. São multitarefas e competitivos.

Embora cada geração seja marcada por mudanças no modo de agir e compreender o mundo que a cerca, podemos dizer que essa geração veio para impulsionar mudanças profundas, começando pelo modo como interpreta e age diante de tudo o que a cerca. Convive com naturalidade com a tecnologia e com o que ela trouxe.

O modo de vida no qual essa geração está estruturada atualmente é quase como uma representação e/ou materialização dos anseios das gerações que a antecederam, que foram expressos de formas diferentes. Apesar de ter no trabalho duro um valor a ser preservado, ansiava por uma vida sem tanto esforço físico, o que pode parecer contraditório, mas todos sempre buscaram encontrar formas de evitar os sofrimentos que algumas tarefas geravam pelas condições em que eram executadas.

É a primeira geração tecnológica. Conviveu mais com um mundo automatizado e digital do que com o manual e analógico, não obstante seja a última geração que pôde experimentar o que eu chamo de dois mundos. Nasceu com a popularização da internet. Embora a internet tenha sido criada há aproximadamente duas décadas antes, foi nos anos 1990 que passou a ser comercializada e conhecida, fazendo com que essa geração tivesse o privilégio de se inserir nessa popularização e testar os primeiros resultados do seu uso.

Os quartos – a Geração Z – nascidos entre 1997 e 2010. Têm hoje entre 11 e 24 anos. O termo usado para representá-los é "Tsunami". Primeira geração totalmente digital. Segundo estudo da agência de publicidade e tendência Sparts & Honey, 60% querem causar algum impacto no mundo. Têm extrema conexão com a tecnologia, pois nasceram com a internet e foram expostos às redes sociais desde o nascimento.

Segundo esse estudo, ainda não têm uma identidade definida, mas querem repaginar os valores e ideais que seus pais romperam. Como que estabelecer um equilíbrio eliminando os extremos.

Têm maior capacidade de trabalho em grupo do que a geração anterior, não diferenciam o *online* do *off-line*, e possuem uma agilidade para executar tarefas nunca antes vista.

Comunicam-se facilmente por plataformas, criam linguagens próprias com "memes" para se entenderem, valorizam o afeto e o respeito.

Outra característica dessa geração é a capacidade de lidar com o diferente, em especial com os conceitos de identidade. A ideia de que há mais do que dois gêneros no mundo (homem e mulher), embora pareça nova para muitos, não é algo percebido e compreendido exclusivamente por essa geração. Mas é a primeira a encarar com total naturalidade. Não fica presa a crenças e preconceitos de certo ou errado em relação a esse tema.

É uma geração que inaugurou um novo modo de vida, onde a informação em todos os níveis ganhou velocidade e quantidade. Os preconceitos tidos como verdades e que serviam como regras de conduta por gerações, para eles não fazem sentido algum. Esse comportamento frequentemente choca os nativos de outras gerações.

Os quintos – A GERAÇÃO ALPHA - nascidos a partir de 2010. Sobre esses últimos, ainda não há muitos estudos vindo das chamadas teorias geracionais, porém o que se diz é que já se percebe uma maior interação e até uma certa afetividade com as máquinas que dominam todos os setores.

Todas essas classificações das chamadas teorias geracionais que vários autores tornaram conhecidas classificam a população, tentando explicar o comportamento humano, a partir das épocas em que nasceu e a realidade socioeconômica política reinante em cada uma dessas épocas, criando denominações para cada grupo de diferentes períodos. Fazem isso, quase sempre, sob os holofotes da produção e do consumo, por estarem a serviço do mercado econômico e não propriamente do ser humano. Pois o marketing tem como função identificar esses comportamentos para melhor adequar as ofertas e manter o mercado de consumo sempre ativo. Portanto, é um olhar para o potencial de consumo e não para o potencial humano.

> A quase totalidade dos estudos que servem para classificar a humanidade em gerações apontam tendências e descrevem comportamentos que são atribuídos especialmente ao meio em que nascem e crescem.

Porém, se esquecem de que quem constrói o meio são os próprios seres humanos, que passam a sofrer as interferências do que criaram. E, à medida que vão operando as mudanças, criam mecanismos de adaptação às suas próprias criações.

Essas divisões são meras referências, não são estanques. A cada período, percebemos que há comportamentos e crenças dominantes, muitas apenas com novas roupagens a partir de novas denominações, mas que expressam a mesma base, apenas adaptada à época. Ao mesmo tempo, em cada um desses períodos, alguns grupos se destacam por não aceitar as crenças construídas até então. Normalmente, esses grupos se formam em torno de uma ideia que parte da percepção diferenciada de algum indivíduo que se destaca pela capacidade de criticar e inovar o já existente, onde se inicia o processo de transformação e mudança, dando origem a um novo conjunto de valores e crenças, que passará a direcionar o comportamento humano.

O que podemos observar é que essas mudanças estão ocorrendo com maior velocidade, são mais profundas e com uma periodicidade cada vez menor.

*O conjunto de seres humanos que compõem a Geração 3000 apresenta **características** que os cientistas classificam como neurofisiológicas e socioemocionais diferenciadas.*

Considerando que tudo o que existe é criação humana, tudo indica que a capacidade dos seres humanos também está aumentando com maior velocidade, a julgar pela avalanche no que se refere a novas invenções surgidas nas últimas décadas.

A GERAÇÃO 3000 – como já citado no início deste capítulo, a geração que resolvi chamar de Geração 3000, diferentemente das classificações conhecidas, não se trata de pessoas nascidas em um período específico, embora as características mais marcantes começassem a ser mais facilmente percebidas entre os nascidos a partir do ano 2000.

O conjunto de seres humanos que compõem a Geração 3000 apresenta características que os cientistas classificam como neurofisiológicas e socioemocionais diferenciadas. Esses humanos vêm surgindo há muito tempo, talvez desde que o homem apareceu na face da Terra, ao longo da história, dependendo dos interesses, foram sendo classificados e denominados alguns de gênios, outros de bruxos e muitos de loucos.

Mas todos apresentavam capacidades incomuns. Muitos protagonizaram grandes mudanças na humanidade a partir das suas descobertas e invenções. A verdade é que, nas últimas décadas, a quantidade de seres humanos com habilidades incomuns tem aumentado significativamente. Essas habilidades se modificam a cada um que nasce.

Sempre fomos ao mesmo tempo únicos e diferentes. Porém a sociedade, a partir da sua estrutura sociopolítica e econômica, nos iguala ou nos diferencia de acordo com interesses, quase sempre, comerciais e de controle. E quase nunca pelo que de fato somos.

Muitos ***protagonizaram grandes mudanças*** na humanidade a partir das suas ***descobertas*** e ***invenções.***

Entretanto tudo indica que agora a raça humana está passando por um período que os cientistas chamam de macroevolução. O Dr. Paulo Cesar Fructuoso, em um vídeo sobre evolução, religião e ciência, fala sobre um estudo da paleontóloga francesa Anne Dambricourt-Malassé, onde ela aponta para essa possibilidade.

São mudanças profundas que envolvem a espécie humana no sentido evolutivo. Os conhecimentos científicos mais difundidos sobre a evolução humana falam de uma microevolução, na qual a evolução vai acontecendo lentamente, quase imperceptível, e que leva milhões de anos para se consolidar. Porém as descobertas da paleontóloga Anne Dambricourt-Malassé, do Museu de História Natural de Paris, ao estudar o osso da mandíbula de fósseis, a levaram a observar também uma mutação no osso esfenoide, o mais complexo osso do organismo e o primeiro a se desenvolver na vida embrionária. Esse osso é onde se apoia o cérebro.

Segundo a Dra. Anne, esse osso ao longo das eras sofreu inclinações, e, quando essas inclinações ocorreram, houve um aumento da calota craniana e da massa encefálica, aumentando a inteligência e fazendo com que o homem conseguisse ficar mais ereto. Descoberta que contesta a conhecida teoria das savanas, que criou a tese de que o meio é que forçou o homem a dominar o corpo para ficar ereto.

Esses estudos indicam que cada inclinação do osso esfenoide coincide com períodos evolutivos já descritos.

- Há 60 milhões de anos, esse osso era horizontal.
- Há 40 milhões de anos, observou-se a primeira inclinação, e foi quando surgiram os símios.
- Há 20 milhões de anos, a segunda inclinação, e surgiram os grandes macacos.
- Há seis milhões de anos, a terceira inclinação, coincidindo com o surgimento dos australopitecos, que deu origem ao homo.
- Há dois milhões de anos, a quarta inclinação, surgiu o homo.
- Há 160 mil anos, a quinta inclinação, onde surgiu o homo sapiens.

Esse estudo demonstra que, entre os períodos em que se observa essas inclinações, a evolução humana ocorreu de forma micro e que em determinados momentos há um salto, um aumento na velocidade dessa evolução.

No livro *Pedagogia 3000,* encontramos diversos estudos que corroboram essa tese.

A velocidade das transformações é tal que já se fala de gerações dentro dos períodos classificados anteriormente como sendo de uma ou no máximo duas gerações. Essa classificação não leva em conta apenas tendências, mas sim as características desses seres humanos. Há um estudo que diz que no período entre 1980 e 2003, portanto 23 (vinte e três) anos, são identificadas cinco novas gerações, ou cinco diferenças muito marcantes, que sugerem novos grupos de seres humanos. E que cada grupo apresenta talentos inatos diferenciados. Entre esses talentos, destacam-se: maior sensibilidade, desde os aspectos fisiológicos, afetivos, emocionais, éticos e comportamentais.

O texto a seguir é uma cópia fiel do que consta no livro *Pedagogia 3000*, de Noemi Paymal.

A primeira, ou a G1, começou a ser percebida entre os nascidos nas décadas de 1980 e 1990, que foram classificados como índigos. Diz-se que eles são apenas a ponta do iceberg de um fenômeno muito mais abrangente.

As principais tendências observadas entre os nascidos neste período são: mais extrovertidos, desafiadores, questionadores e carismáticos. Porém rebeldes e com uma personalidade forte. Possuem a tendência a ter um metabolismo de alta energia e não apresentam sintomas patológicos de Hiperatividade ou Deficiência de Atenção, a não ser quando estão em ambientes violentos e com falta de afetividade.

A segunda, ou a G2, passou a ser observada já no final dos anos 1990, embora alguns tenham nascido um pouco antes.

Têm tendência a serem mais calmos, mas com grande força interior. Apresentam várias tipologias, entre eles o que ficou conhecido como crianças cristal. O que poderia defini-los seria Amor-Sabedoria. A terceira, ou a G3, observada a partir do ano 2000, formada por crianças, entendida como os novos líderes. São mais equilibrados emocionalmente, apresentam uma forma de liderança mais horizontal e espiritual. Podem ser classificados como a geração de inteligência ativa.

A quarta, ou a G4, é chamada de a geração da consciência expandida. "Eles são pontes para esferas superiores e têm a capacidade de abrir o coração para aqueles ao seu redor". Podem também ser chamados de geração Harmony ou estelares, devido à expansão de consciência.

A quinta, ou a G5, é a geração com alto nível de domínio espiritual. São seres que trazem em si: paz, calma, tranquilidade e amor. Com isso, conseguem ajudar para que haja evolução de uma maior consciência na Terra. É a geração da luz, pois consegue iluminar novos caminhos para a humanidade.

A sexta e a sétima, ou a G6 e G7, são as gerações que trazem em si todos esses atributos das anteriores e que detêm a nova energia da humanidade futura.

A ***velocidade das transformações*** *é tal que já se fala de* ***gerações dentro dos períodos*** *classificados anteriormente como* ***sendo de uma ou no máximo duas gerações.***

São as crianças e jovens que têm nos surpreendido todos os dias com uma capacidade diferenciada, com comportamentos considerados incomuns, se comparados aos que estávamos acostumados a ver nas gerações anteriores.

São facilmente classificados como hiperativos, inquietos, mal-educados, agitados, precoces. Porém observadores, ágeis, colaborativos, otimistas e altruístas.

Também essas divisões não são estanques, esses seres nascidos em especial nesse período formam um conjunto humano com inúmeras características, antes consideradas como anormais:

- Do ponto de vista físico, tendem a ter os cinco sentidos hiperdesenvolvidos, fenômeno conhecido como hiperestesia.
- Segundo alguns pediatras, já nascem agindo de forma diferente, com os olhos bem abertos e prestando atenção a tudo o que está se passando ao seu redor.
- Seu desenvolvimento é mais precoce e apresentam padrões como sono e necessidade de alimentos diferenciados.
- Dormem menos e é comum que muitos já rejeitem a ingestão de carnes desde muito pequenos, embora suas famílias mantenham esse hábito alimentar. E são emocionalmente mais sensíveis.

Com todas essas informações, é impossível não pensar que estamos diante de seres humanos altamente evoluídos em todos os sentidos. Ouso dizer que podemos estar presenciando a chegada de um novo espécime humano. A Geração 3000.

O GRANDE SALTO

As mudanças ocorridas no planeta nos últimos 30 anos, que tiveram seu início a partir da segunda metade do século passado, invadiram nossas vidas em quantidade e velocidade tais, capazes de modificar radicalmente tudo o que nos cerca, e em um espaço de tempo muito curto, se comparadas a tudo o que a humanidade experimentou nos últimos séculos. Constitui-se o que eu chamo de o GRANDE SALTO. É como se tivéssemos iniciado uma corrida nos anos 1950, ganhando cada vez mais força e velocidade, que foi capaz de impulsionar a humanidade a dar um salto, em termos proporcionais, de mais de mil anos.

A evolução é um fator constante no universo conhecido, mas ela costuma acontecer de forma gradativa ao longo de milênios, dando tempo para que a humanidade se adapte às mudanças e às consequências por elas provocadas.

Cada grupo apresenta ***talentos inatos diferenciados.*** *Entre esses* ***talentos, destacam-se: maior sensibilidade,*** *desde os aspectos fisiológicos, afetivos, emocionais, éticos e comportamentais.*

No último século, mais fortemente a partir da segunda metade, houve um verdadeiro salto. Algo nunca antes experimentado e quase impossível de suportar, mesmo para um ser considerado sapiens.

Nestes anos vivenciamos mudanças tão profundas que chegam ao ponto de serem fascinantes e assustadoras ao mesmo tempo. Basta olharmos para trás, que iremos perceber o quão perto cronologicamente e o quão distante tecnologicamente e evolutivamente estamos em relação aos nossos descendentes. Parece haver um verdadeiro abismo que separa os dias atuais de três ou quatro décadas anteriores, quase como se fosse um buraco negro que sugou um modo de vida que hoje parece ficção. Essa percepção é mais clara para aqueles que, assim como eu, formam a maioria dos que habitam este planeta e que guardam na mente os registros daqueles tempos. Tempos que, pela velocidade e quantidade das mudanças, sequer percebemos quando foi exatamente que deixaram de existir, ou quando as mudanças de fato aconteceram.

O que é mais perceptível são os avanços das modernas tecnologias que permeiam todos os espaços: trabalho, casa e lazer. Fruto da mente, cada vez mais evoluída do próprio ser humano, de algum dos pertencentes à Geração 3000. A tecnologia tem sido capaz de oferecer muitas facilidades e conforto que as gerações anteriores sequer sonhavam, embora desejassem.

O sonho dos Baby Boomers e de gerações anteriores como a dos meus pais, que apesar de valorizarem o esforço e a dedicação, queriam poder dar aos filhos uma vida sem o que eles consideravam como sacrifício. Esse sonho se tornou realidade mais rápido do que pudessem supor e de uma forma nunca antes imaginada. Em um curto espaço de tempo, passamos a dispor de mecanismos que eliminam o esforço físico, em especial o que era considerado como sacrifício. Para quase tudo existe um sistema capaz de realizar as tarefas que até bem pouco tempo necessitavam de esforço físico para serem realizadas. O controle remoto é um símbolo dessas comodidades. E mesmo ele já evoluiu.

O já considerado velho e bom controle remoto atualmente está quase que totalmente desmaterializado, agora não precisa mais nem de botão, um comando de voz é suficiente. A distância também não é mais um problema. Temos tecnologia que nos permite controlar e acionar equipamentos, independentemente da distância. Podemos vigiar as nossas casas ou as nossas empresas de onde quer que estejamos. Muitas tarefas não precisam mais de força física e nem da nossa presença para serem realizadas. Existe programação para quase tudo, desde uma máquina de lavar roupas à panela elétrica. Podemos acordar de manhã e dispor de um pão quentinho sem ter que ir até à padaria mais próxima, cujos ingredientes foram colocados em um equipamento na noite anterior, registrando-se comandos de tempo, temperatura e hora para iniciar o processo, que a tarefa é realizada no tempo desejado com resultados mais que satisfatórios.

Passamos a conviver com inúmeros aparelhos que facilitam a realização das nossas atividades. Incorporamos essas maravilhas ao nosso dia a dia, cada um de acordo com o seu poder aquisitivo, porém, todos, indistintamente, hoje não conseguem mais pensar a vida sem elas. Pois mesmo aqueles que não dispõem de recursos financeiros para adquiri-las, de alguma forma, acabam por ter contato e fazer uso delas, mesmo que não na sua totalidade. Uma vez que a chamada tecnologia de ponta está presente em toda parte. Nos transportes coletivos, nos transportes por aplicativos, nos supermercados, nos bancos, e em tantos outros lugares.

No trabalho, basta olharmos para os processos produtivos em qualquer setor, mesmo nos ainda considerados rudimentares, vamos com certeza encontrar lá alguma tecnologia criada nas últimas décadas. A utilização, muitas vezes, é feita sem que o usuário se dê conta de que aquilo é uma inovação tecnológica. Tal é a velocidade de criação, melhoramento e disseminação dessas tecnologias.

Inventos que no passado demoravam anos para chegar a uma minoria, agora quase que instantaneamente chegam ao alcance de quase toda a população mundial. Eles invadem as nossas vidas, passam a fazer parte do nosso cotidiano sem que possamos nem mesmo nos aperceber. São facilmente incorporados às nossas rotinas devido ao fato de trazerem a sonhada "vida boa", tentam suprir o desejo do ser humano de ter uma vida com menor esforço.

Com cérebros cada vez mais criativos e capazes de transferir essa inteligência para as suas criações, vemos surgir máquinas e equipamentos cada vez mais inteligentes e autônomos. Em um passado bem recente, há apenas algumas décadas, quando ouvimos falar da possibilidade de robôs substituírem a mão de obra nos processos de produção das grandes indústrias, foi uma notícia que causou, além de espanto, medo e insegurança, especialmente na classe trabalhadora, que via seus espaços nas linhas de produção serem ameaçados, sem terem como competir com aqueles "monstros de metal".

Passamos a conviver com ***inúmeros aparelhos*** *que* ***facilitam a realização das*** *nossas* ***atividades.*** *Incorporamos essas* ***maravilhas*** *ao nosso dia a dia, cada um de acordo com o seu poder aquisitivo, porém, todos, indistintamente, hoje* ***não conseguem mais pensar a vida sem elas.***

Algo que parecia assustador não apenas se efetivou, como hoje é considerado imprescindível para o modelo produtivo atual. Todas as discussões sobre a substituição do homem pela máquina são uma retórica que por vários anos ficou quase esquecida. Raramente falávamos sobre isso, ou pelo menos, não mais com as mesmas argumentações. Na atualidade, voltou-se a falar da possibilidade de exclusão de um grande contingente populacional do mundo do trabalho. Esse contingente é formado por aqueles que não conseguem acompanhar a velocidade de criação de novos mecanismos tecnológicos. Porém aquele choque provocado pelos primeiros robôs colocados nas linhas de produção foi como que apagado das nossas memórias. E eles, os robôs, não ficaram confinados às fábricas e nem são monstros ou mesmo só de metal. São feitos de vários materiais, inclusive de ouro, são sutis e até certo ponto discretos e altamente sedutores. Passaram a fazer parte do desejo de consumo da grande massa.

Mas assim como usamos o nosso cérebro sem saber como ele funciona de fato, todos esses equipamentos que se apresentam com diversos formatos e tamanhos, construídos de diferentes materiais, são a representação do cérebro dos que os projetaram e nós, os usuários, apenas usufruímos da sua capacidade ou parte dela. Eles se tornaram quase onipresentes, estão dentro das nossas casas, nos supermercados e lojas, na rede bancária, nos nossos bolsos e bolsas, através de aparelhos celulares, cartões de crédito, nos diferentes tipos de "*tags*", nos carros. Carregamos e somos carregados por eles. É difícil encontrar nos dias atuais um lugar ou coisa onde eles não se façam presentes.

O QUE MUDOU?

Antes de trazer à memória um pouco do que vivenciamos a partir da metade do século XX, é importante citar aqui que a aceleração nas mudanças observadas de uma geração a outra, em períodos cada vez mais curtos, é algo que não acontece instantaneamente. O que mudou foi o tempo para que essas transformações aconteçam, mas elas vãos se mesclando. A cada período, vão nascendo seres com capacidades diferenciadas. Essas diferenças começaram a ser sentidas por volta dos anos 1950. De 1950 a 1980, as gerações têm apresentado essas alterações de forma mais marcante, o que tem sido chamado de "a geração de transição".

É a geração formada pelos atuais adultos e velhos, bem como, segundo estudos, por jovens e crianças, "cujo sistema nervoso central (SNC) está em processo de ajuste que se traduz patologicamente em meninos e meninas com Déficit de Atenção e Hiperatividade, assim como em crianças Teflon, autistas e bipolares".

Todos categorizados pelos estudos que tentavam entender os comportamentos e as atitudes incomuns ou entendidas como anormais através dos tratados já conhecidos.

*A **aceleração** nas **mudanças** observadas de uma geração a outra, em **períodos** cada vez mais **curtos**, é algo que não acontece instantaneamente.*

Apesar de esses indivíduos estarem com seus cérebros em processo de mudança, muitos enquadrados em protocolos da medicina como patologias, foram esses mesmos cérebros os precursores das maiores transformações que aconteceram no último século e que fazem parte do contingente da Geração 3000.

As mudanças foram tão profundas e variadas que é quase impossível descrever tudo o que mudou. A partir dessa Geração que um novo modo de pensar e ver o mundo foi sendo construído e que as grandes mudanças foram implementadas. Em poucos anos, saímos de um mundo da lamparina a querosene para a lâmpada de LED; da caneta tinteiro para a escrita por comando de voz; da comunicação por carta para a comunicação com voz e imagens em tempo real; do escovão para o robô que realiza a limpeza da casa sem precisar ter alguém por perto operando.

Vimos a TV surgir, passar de preto e branco para cores, de tubo para LCD, plasma, LED, HD, 4K, Smart TV e já se fala em 5K OLED, QLED. São tantas siglas, cada uma representando um avanço tecnológico, que vêm em sequência em apenas alguns anos, dentro da lógica evolutiva que traz consigo não apenas mais tecnologia, mas novas formas de uso de recursos que nem em filmes de ficção científica foram tão bem representados nos períodos da nossa juventude e já boa parte da vida adulta, e que para nós há 25 ou no máximo 30 anos, sequer passava pela imaginação a possibilidade da existência.

Aprendemos a escrever com lápis, pois a caneta tinteiro era difícil de manusear, além do seu custo nada acessível, e as esferográficas estavam chegando ao mercado e ainda não estavam ao nosso alcance. Também tínhamos que economizar caderno, não podíamos nos dar ao luxo de errar e usar outra folha para escrever novamente. Pois todos os recursos na época eram escassos e representavam um custo que não podíamos fazer aumentar. O lápis e borracha eram os instrumentos ideais como solução. Situação vivida especialmente pela geração dos Baby Boomers, que justifica o comportamento que valoriza os bens materiais e o trabalho duro, pois era assim que obtinham o que necessitavam para viver. Porém, apesar de o trabalho duro ser valorizado, não queriam que seus descendentes tivessem uma vida tão sofrida, conforme eles mesmos a classificavam.

Para os componentes da Geração 3000, em especial os nascidos a partir dos anos 2000, é difícil imaginar esse mundo, onde um bom datilógrafo era um profissional requisitado e tinha trabalho garantido. Muitos nem sabem que profissão era essa. Na época, as máquinas de escrever não dispunham de mecanismos de correção, portanto não podiam errar. É verdade que surgiram as tintas e as fitas corretoras, mas determinados documentos não podiam ser rasurados. Mesmo depois da criação das máquinas de escrever elétricas e eletrônicas, que eram mais fáceis de manusear, menos cansativas, mas basicamente o que as diferenciava era um teclado mais leve e um mecanismo que eliminava o movimento manual do papel.

O piso das construções (casas, prédios etc.) era em geral de madeira natural ou de um tipo de cerâmica que requeria para a sua manutenção e limpeza o uso de cera. Trabalho que demandava muito esforço físico e tempo. Neste setor, também vimos a evolução dos materiais. A indústria cerâmica teve um papel fundamental na evolução dos chamados revestimentos. Quase nunca paramos para pensar o quanto os materiais que usamos hoje para os mais diferentes fins mudaram, não apenas em aparência, mas a vida de quem os manuseava e fazia a limpeza e manutenção. Como era o caso dos espaços físicos de casas e prédios, fossem eles usados para moradia, escritório, loja ou para qualquer outro fim.

Juntamente com a evolução dos materiais de construção, também houve a evolução, a criação e a transformação dos equipamentos de limpeza e manutenção. Do escovão à enceradeira elétrica e hoje começando a se popularizarem os robôs de limpeza, sem contar com as inumeráveis linhas de produtos para esse fim.

Até os meus 12 anos de idade, em 1970, os maiores avanços que vi chegarem a minha casa foram o rádio a pilha, a água encanada (com uma única torneira na pia da cozinha), o chuveiro de latão e o "liquinho" a gás (uma lamparina portátil a gás).

Uma lembrança quase cômica para os dias de hoje, de quando em 1990 assumi pela primeira vez um cargo de gestão. A de gerente na unidade do SESI, na cidade de Porto União-SC. Havia uma construção nova, muito bem cuidada, a limpeza era realizada com escovões e as máquinas de datilografia eram tão velhas que mais pareciam pertencer aos estoques de uma oficina de consertos. E eu, jovem, ávida por fazer diferente e facilitar o trabalho, fiz duas aquisições importantes, uma enceradeira e uma máquina de datilografia elétricas. Sei que esse exemplo deve soar estranho para muitos, em especial para os nascidos a partir do ano 2000. Para essa geração, esses equipamentos já são peças de museu.

*Para essa geração, esses **equipamentos** já são peças de **museu**.*

Esses são apenas alguns exemplos de coisas que pareciam para nós tão modernos e que perderam a utilidade ou deixaram de existir em pouquíssimo tempo, dentre os muitos que poderíamos citar aqui como uma forma de demonstrar que vivíamos literalmente em outro mundo.

Outro fator que não podemos ignorar e que vale a pena voltarmos a ele é o aumento populacional que afetou a vida no planeta no último século, em especial a partir de 1950, que deu origem ao termo Baby Boomers.

A população mundial aumentou 200% nos últimos setenta anos. E no Brasil esse crescimento foi ainda maior, representa um aumento de 306%. Saímos de uma população de pouco mais de 51,9 milhões em 1950, para 211 milhões em 2020. Não apenas a população aumentou em número, como passou a viver mais. A expectativa de vida girava em torno dos 66 anos em 1990. Atualmente, a expectativa aumentou para 76,7 anos. Se olharmos um pouco mais para trás, vamos ver que no início do século XX a expectativa de vida era de apenas 33,4 anos, em 1950, de 48 anos.

A pergunta que me faço é: se somos produto do meio e das vivências que tivemos, quem somos nós hoje, diante de tantas transformações que sequer nos dão tempo de vivenciá-las?

Pois o que mudou com o advento da tecnologia não foram apenas as coisas, mas especialmente os valores que orientam e conduzem a vida em sociedade. No decorrer das últimas três décadas, assistimos a muitas mudanças e incorporamos conceitos e valores que alteraram completamente a forma de lidarmos com tudo o que nos cerca, porém, para a maioria, isso não foi completamente digerido. É como se tivéssemos sido obrigados a ingerir um novo tipo de alimento sem que o nosso corpo estivesse preparado, ou mesmo sem dar tempo para que ele pudesse realizar o processo digestivo, absorver os seus nutrientes e excretar o que sobrou.

O mais importante não é o simples fato de que muitas mudanças ocorrem, mas com que velocidade e intensidade elas têm nos atropelado. Por mais que o ser humano tenha grande capacidade de adaptação, já demonstrada pelos estudos da plasticidade cerebral, nem todos estão preparados para absorver e processar de forma equilibrada tantas mudanças em um espaço de tempo tão curto.

Atualmente, já há ***estudos*** *que apontam uma aceleração na* ***evolução*** *do* ***cérebro*** *humano, que não se restringe ao seu tamanho, mas a sua* ***funcionalidade****.*

Estudos científicos apontam que cada geração nasce com o cérebro mais evoluído. Essa evolução vem sendo estudada há centenas de anos. Porém, até bem pouco tempo, o que se sabia a partir de estudos científicos a exemplo do realizado por cientistas norte-americanos, entre eles, Andrew Du, biólogo da Universidade de Chicago e principal autor do estudo publicado na revista *The Proceedings of the Royal Society B*, que após analisar 94 crânios, concluiu que em 3 milhões de anos o crescimento ocorreu de forma lenta e consistente. Atualmente, já há estudos que apontam uma aceleração na evolução do cérebro humano, que não se restringe ao seu tamanho, mas a sua funcionalidade. Aponta-se para a existência de uma nova divisão do cérebro, como descreve o Dr. Nícolas Lujan, e reforçada em outros artigos que deram base para o livro *Pedagogia 3000*, de Noemi Paymal:

Existe uma nova divisão do cérebro, deixando para trás o antigo modelo do cérebro triúno de McClean.

'O quarto cérebro corresponde à ativação dos lobos frontais'. O comportamento de algumas crianças atuais se assemelha às características do quarto cérebro. E elas continuam a desenvolver essa parte do cérebro até 20 a 25 anos, de acordo com neurologistas. (PAYMAL)

Esse processo evolutivo está cada vez mais acelerado. Fato que tem ficado claro nas últimas décadas mesmo para nós leigos.

O que fica evidente – apesar de não haver ainda muitos estudos ou pelo menos a divulgação dos que já existem para explicar o funcionamento desses novos cérebros – é que a criação e a implementação rápida de tudo o que hoje existe no mundo, e que teve um crescente sem precedente, vieram de mentes cada vez mais brilhantes e em número cada vez maior.

A visão de futuro que tinham nossos pais, e mesmo nós há 30 anos, não se aproximava nem de longe do que estamos vivendo hoje. Não sonhávamos com nada parecido a como é o mundo atual. Tudo o que conhecíamos, aprendíamos com nossos pais e avós e tínhamos tempo para absorver e pôr em prática, experienciando na vivência diária enquanto crescíamos. As mudanças sempre existiram, mas eram sutis e quase previsíveis.

Mas o que de fato fez com que em apenas meio século, mais fortemente nas últimas três décadas, ocorresse uma transformação tão radical a ponto de os que viveram antes deste período, como eu, terem a sensação de que o passado mais parece um sonho?

Quando me faço essa pergunta, apesar de encontrar algumas respostas nos avanços tecnológicos, como o advento da internet, que mudou o conceito de comunicação, isso não me pareceu um esclarecimento convincente. O que me ocorre são mais perguntas: como fomos envolvidos neste novo? Qual foi o momento em que isso realmente aconteceu? Como chegamos até aqui? Qual foi o mecanismo que fez com que quase fosse apagado um tempo que não está tão distante cronologicamente de nós?

Não estou falando do que viveram nossos avós e pais, mas sim do que nós vivemos e experimentamos no espaço da nossa existência, que ainda não chegou ao fim, e certamente teremos muito mais o que ver e ao que nos adaptar. O quanto tudo mudou em apenas um terço deste tempo. Ou seja, nos últimos 20 anos, dos 63 que já vivi. A verdade é que o futuro não pertence às próximas gerações, como pensávamos, ele tem chegado cada vez mais cedo e nos surpreendido, nos pegando desprevenidos.

Ao refletir sobre isso, percebo o quão importante é procurar entender melhor essa evolução, cujos impactos se fazem perceber na perda das referências que tínhamos. Mais importante ainda é, a partir dessa compreensão, encontrar o que é capaz de nos trazer um ponto de equilíbrio, que nos dê alguma resposta ou possíveis respostas capazes de nos direcionar nesse novo modelo de vida, especialmente para as gerações nascidas nos anos 1960 e 1970, que sofreram o maior impacto.

> Acredito que nós, que estamos vivendo este momento e que podemos ter a dimensão das mudanças a partir do comparativo do antes e do depois, devemos parar para refletir para onde estamos indo.

Pois é como se tivéssemos embarcado em uma nave com velocidade maior que a supersônica e nem sequer nos damos conta do que tem no caminho, quanto mais para onde ela vai nos levar.

Não podemos mais falar e agir como faziam nossos pais e avós, que usavam a frase: "O que será dessa juventude?". Como se as mudanças só fossem atingir os mais jovens. Elas são cada vez mais profundas e mais abrangentes, envolvendo a vida de todos em todos os seus aspectos. E nós, que ainda formamos o maior contingente de líderes, como falaremos mais à frente, temos o compromisso de entender o que está acontecendo para, pelo menos, tentar fazer diferente.

COMPORTAMENTOS E EXPECTATIVAS

*O marketing, utilizando-se de conhecimentos da psicologia, estuda e analisa o **comportamento humano**, e com isso passa a ter cada vez **mais influência nas decisões de compra** e consequente aumento do consumo.*

Por necessidade de adaptação e por comodidade, esquecemos rapidamente como era não ter a maioria das facilidades que temos hoje, as quais não conseguimos sequer nos imaginar sem. A necessidade, mas também a nossa capacidade de adaptação a um mundo em transformação e cada vez mais veloz. Isso faz com que incorporemos todas essas novidades, pois elas de fato facilitam a execução de tarefas ou eliminam a necessidade de muitas delas, tornando a vida mais fácil. Ou pelo menos é o que somos levados a acreditar.

O modelo econômico que continua tendo na sua base o incentivo ao consumo leva em consideração os desejos do ser humano, mesmo os inconscientes, para criar e vender novos produtos. O marketing, utilizando-se de conhecimentos da psicologia, estuda e analisa o comportamento humano, e com isso passa a ter cada vez mais influência nas decisões de compra e consequente aumento do consumo. Isso alimenta e mantém o sistema produtivo e o modelo de economia em vigor, criando facilidades para a aquisição de quase tudo o que surge no mercado. Para tanto, são criados produtos destinados a todas as faixas de renda, como forma de fazer com que todos, independentemente do poder aquisitivo, sejam contemplados sem perder o desejo de posse do que há de mais moderno.

A ascensão tecnológica influenciou todos os setores, mas podemos dizer que foi nas comunicações que sua presença conseguiu alcançar maior amplitude. Ela se tornou o centro onde reside a alma que dá vida e alimenta os demais órgãos do sistema evolutivo que contém toda a modernidade. Ela é capaz de tornar conhecido, em todo o planeta, um novo produto ou serviço quase que instantaneamente.

As expectativas e desejos são constantemente alimentados, fazendo com que o comportamento da maioria siga em um padrão controlado. Estimula-se o desejo de consumo com uma tática competitiva, fazendo com que se acredite que possuir determinado bem ou serviço diferencia e gera o chamado status social, que nada mais é que uma ideia de bem-estar e felicidade, como se por esses mecanismos fosse possível de ser alcançado.

É estruturado de tal forma para que não sejam percebidas as armadilhas, fazendo com que a grande massa continue nessa busca, pagando um pedágio constante ao adquirir tudo o que consegue e acreditando que esse é o caminho e a forma de satisfazer todos os desejos e encontrar a tão desejada felicidade.

*A **humanidade** acredita que, para **merecer algo,** precisa lutar e derrotar os seus **inimigos** mesmo que **de fato eles não existam.***

Outro comportamento que foi instituído há centenas de anos é o competitivo. Aquele que tem como função estabelecer quem é o mais forte, o mais apto. Qualquer competição pressupõe ganhadores e perdedores. Assim, a humanidade acredita que, para merecer algo, precisa lutar e derrotar os seus inimigos mesmo que de fato eles não existam. Comportamento instigado que leva à sensação de respeitabilidade e merecimento. Enquanto continua agindo a partir desse padrão de comportamento, não consegue vislumbrar outra forma de conseguir a satisfação de desejos que na sua maioria foram criados a partir de uma estratégia de venda estudada e posta em prática sob medida. Algo para garantir os ganhos de outrem e jamais para gerar de fato um estado de felicidade e bem-estar para todos, embora essa promessa seja a mais propagada. E infelizmente a evolução tecnológica só fez aumentar essa crença.

Ainda no campo do domínio tecnológico e da competição, tenho lido e ouvido muitas opiniões acerca do momento em que estamos vivendo. Há várias suposições, entre elas algumas bastantes preocupantes, para não dizer catastróficas, colocando os avanços tecnológicos e os novos conhecimentos como uma ameaça à própria raça humana. Há momentos em que se faz a suposição de que, com a evolução da Inteligência Artificial, corremos o risco de a humanidade ser subjugada por ela, a exemplo do filme "Eu Robô", de 2004. O planeta Terra dominado por esses cérebros artificiais mais capazes e ágeis do que os cérebros humanos.

Seria isso possível? É bem verdade que temos uma tendência de nos deixar comandar por poucos que, ao longo da história, enquanto raça humana, vivenciamos os mais diferentes tipos de domínio, mas sempre de homens para homens. Porém não deixa de ser assustadora a ideia de que alguns humanos que já dominavam a arte de criar necessidades para vender suas criações e que agora dominam também os conhecimentos tecnológicos possam fazer uso deles, como instrumento de poder, ampliando o domínio sobre os outros humanos. Pois, infelizmente, o comportamento do homem continua deixando a desejar no que se refere ao respeito e à valorização da própria raça humana, começando pelo desrespeito a outros seres, a todas as manifestações de vida, todas as espécies, incluindo humanos considerados menos importantes.

Comportamento sempre originado no desejo de posse e poder, que criou e sustenta modelos econômicos predadores e egoístas que, apesar de tantos avanços, ainda perduram. Progenitores, por assim dizer, de todos os preconceitos e atitudes que discriminam e segregam, como: o racismo, a homofobia, a xenofobia, o machismo e tantos outros usados para justificar um modelo que não mede consequência para acumular posses e demonstrar poder, onde subjugar quem ou o que quer que seja para conseguir resultados financeiros passou a ser normal.

Quando pensamos que estamos nos livrando de alguns modelos, surgem movimentos separatistas e atitudes egoístas, vindos especialmente de governantes de grandes nações, sempre justificados pela falácia de proteção dos seus, que nos fazem pensar se estamos involuindo como raça.

O ser humano enquanto espécie, no que concerne aos valores fundamentais de justiça e fraternidade, não evolui na mesma proporção das máquinas com seus recursos tecnológicos. Esforçamo-nos para aprender a lidar com todos esses recursos, mas não nos esforçamos para lidar melhor com o nosso semelhante. Aliás, nem para lidar com nós mesmos. Continuamos acreditando que alguém (que não nós mesmos) encontrará soluções para os dilemas que nós mesmos criamos.

Com o advento de tantas mudanças e o surgimento crescente de novas tecnologias, faz crescer na mesma proporção as expectativas da humanidade por um mundo melhor, prometido a cada invenção e propagado por detentores de poder. Porém desproporcionalmente entregue.

> Como líderes nos mais diferentes espaços, vamos continuar agindo a partir dos mesmos padrões ou será a nossa responsabilidade pensar outras formas de liderar, que possam colocar de fato o ser humano e a sua felicidade como meta principal?

IMPACTOS SOCIAIS, EMOCIONAIS, ECONÔMICOS E AMBIENTAIS

Os seres que compõem a Geração 3000 sempre foram os responsáveis pelas maiores descobertas e invenções na humanidade, mas na maioria das vezes não conseguiram garantir o melhor uso delas, muitas vezes sendo usadas contra a própria humanidade. Temos como exemplo o uso dado para a energia atômica. É claro que não podemos nos ater ao uso equivocado de tudo o que foi descoberto e desenvolvido. Tenho consciência de que todas as descobertas e invenções provocaram muito mais mudanças positivas do que negativas no mundo. Podemos dizer que tudo veio em benefício do homem. Basta fazer o seu melhor uso.

A grande questão é que quanto mais capaz o homem se torna, maiores são as transformações que ele provoca no meio em que vive. Quando essas mudanças ocorrem de forma muito intensa e em tempo recorde como estamos vivenciando nas últimas décadas, temos dificuldades de absorver, passamos a sofrer as consequências das transformações por elas provocadas, em todos os âmbitos da vida: social, emocional, econômico e ambiental, tanto nos aspectos positivos como nos negativos.

Quem faz parte das chamadas gerações analógicas, para se sentir aceito na ***nova estrutura tecnológica*** *que* ***mudou a forma de trabalhar*** *e se* ***relacionar*** *em todos os setores da vida, tenta se inserir de modo desesperado nesse novo contexto.*

Por mais adaptável que seja o ser humano, para aqueles que foram surpreendidos por este novo mundo, nem sempre é possível lidar de forma saudável. A quebra quase que constante de paradigmas traz insegurança, desequilibrando as relações, fazendo com que haja uma busca incessante por modelos que voltem a fazer sentido, mas como as mudanças não param, impulsionadas pelas constantes criações e melhoramentos tecnológicos, fica cada dia mais difícil encontrar esse ponto de referência.

As mudanças aceleradas no modo de vida de toda a humanidade e as facilidades criadas pelos avanços tecnológicos em todos os setores impactaram a vida de todas as pessoas, independentemente de a qual geração elas pertençam, de quais são as suas habilidades e conhecimentos. Todos indistintamente são atingidos.

A começar pelos impactos emocionais causados pelo modelo social adotado frente a tantas mudanças. Quem faz parte das chamadas gerações analógicas, para se sentir aceito na nova estrutura tecnológica que mudou a forma de trabalhar e se relacionar em todos os setores da vida, tenta desesperadamente se inserir nesse novo contexto. Porém a velocidade das informações, associada à necessidade cada vez maior de dar respostas às novas e diferentes demandas, faz com que o nível de ansiedade seja aumentado a patamares que vão além do que conhecemos, como estresse por excesso de trabalho. É uma questão que não se resolve com a redução do ritmo das atividades laborais ou a troca de emprego ou de profissão. Pois está presente no modo de vida que se instalou, permeando todos os aspectos: familiar, social e profissional.

A necessidade de aceitação, que não é exclusiva do modo de vida vindo com as novas tecnologias, neste novo momento, ganhou mecanismos que fortalecem a necessidade de criar cada vez mais uma imagem que, muitas vezes, não corresponde à realidade, para se sentir pertencente a esse novo.

Com essa nova realidade criada pela tecnologia, nasceu o preconceito sobre aqueles que apresentam dificuldades no trato como os diferentes mecanismos tecnológicos. O choque entre gerações neste momento se torna mais evidente por essa ruptura definida pela tecnologia.

*Aqueles que **antes ocupavam o papel** que **hoje** eles **ocupam**, se veem **sem referências** e com a **autoridade esvaziada.***

Isso afetou, entre outros, os modelos de autoridade, especialmente o familiar e o educacional. Essas estruturas sofreram um baque. Os que hoje ocupam papéis de pais, avós e professores, que são oriundos de um modelo familiar e educacional onde toda a base do conhecimento era transmitida através da família ou da escola. Modelo esse onde o saber se encontrava com os mais velhos, com aqueles que antes ocupavam o papel que hoje eles ocupam e se veem sem referências e com a autoridade esvaziada, pois seus filhos, netos ou alunos dominam este novo mundo melhor do que eles. Fruto da excessiva valorização dada à inovação como fator de ganho e sobrevivência dos mercados financeiros e suas consequências, que faz confundir valor com preço, consequentemente valoriza as habilidades que mantêm esses mecanismos vivos.

Com a ascensão do uso das redes sociais, surgiu um termo chamado de "positividade tóxica", que atinge todas as idades. Onde a necessidade de expor a vida ganhou um componente competitivo, que faz com que seja postado e/ou exposto apenas o que parece perfeito e belo (vale dizer que os conceitos de belo e perfeito neste caso são totalmente equivocados), como se a vida fosse sempre perfeita, e ao se deparar com esse universo de estórias, nasce o desejo de ser igual e a necessidade de também mostrar algo parecido como forma de aceitação e de pertencimento.

As redes sociais estão recheadas de estórias que não correspondem à realidade. Mas que servem para fazer com que o outro se sinta inferiorizado. Essa realidade se torna ainda mais complexa, porque os adultos que deveriam sinalizar o ponto de equilíbrio foram os primeiros a se deslumbrar com a modernidade, fazendo uso dela de forma equivocada e inadequada. Isso tirou a capacidade de orientar os jovens que têm maior facilidade no trato mecânico da tecnologia e que, em tese, necessitam de limites, de orientação. Aqui vale a máxima: "Não consigo dar ao outro aquilo que não tenho". Pois se os adultos não têm a noção da medida do uso, não terão a capacidade de orientar e estabelecer essa medida para as gerações mais jovens. O máximo que conseguem é culpar a tecnologia em si, e não a forma com que está sendo usada e qual finalidade está sendo dada a ela.

Como conceito de vida, tida como perfeita e sem problemas, continua passando, além de relacionamentos perfeitos, pela posse de bens de consumo como: roupas, aparelhos eletrônicos, carros, casas, tratamentos estéticos, viagens e toda a sorte de coisas que dependem de recursos financeiros para que se possa usufruir deles. E como cada vez mais a riqueza está sendo concentrada nas mãos de poucos – o número de pessoas que de fato conseguem atingir o patamar econômico que permita tornar real essa condição de vida (embora não seja apenas a condição econômica de forma isolada), capaz de garantir a tão sonhada felicidade –, forma-se um verdadeiro exército de seres insatisfeitos, angustiados e emocionalmente imaturos.

Nesse aspecto, a Geração 3000, que tem inteligência e sensibilidade emocionais mais elevadas, se ressente de um tratamento mais amoroso e coerente com a sua estrutura socioemocional. Percebe facilmente as inconsistências da falta de trato com essa realidade por parte dos seus pais, avós, educadores e cuidadores. Instalando-se, na maioria das vezes, um ambiente de desrespeito de ambas as partes.

Essa nova geração, especialmente diferenciada, é frontalmente atingida pela forma com que a economia está estruturada. Os avanços tecnológicos fazem com que aumentem cada vez mais as exigências para conseguir um posto de trabalho, diminuindo a quantidade, na contramão do aumento populacional. Os impactos são sentidos principalmente pelos que pertencem às gerações Y e Z, que hoje deveriam ser os provedores dos lares, os que teriam que garantir o suprimento das necessidades de moradia, alimentação, educação e saúde, da geração que acabou de chegar e dos que ainda estão chegando.

Muitos dos pais de hoje, mesmo pertencentes à penúltima geração que já apresenta maior facilidade no trato com a tecnologia, não tiveram acesso à educação de qualidade e o devido preparo, seja para exercer uma função como empregado ou, menos ainda, para poder empreender em alguma área. Porém há uma crença entre os que pertencem a essas gerações que os leva a crer que as suas habilidades em lidar com a tecnologia são suficientes para conquistarem um emprego ou se tornarem empreendedores e alcançarem o tão sonhado sucesso, sendo mais um fator de frustração. Ao não conseguirem se encaixar nesse mercado, sequer entendem o porquê.

O modelo econômico baseado no aumento cada vez maior do consumo, associado ao aumento populacional e à longevidade humana, gerou e continua gerando sérios desequilíbrios ambientais em nome da produção de toda a sorte de produtos e serviços, seja para alimentar, vestir ou apenas para satisfazer desejos implantados.

A obsessão de políticos e economistas pelo crescimento econômico ilimitado precisa ser reconhecida como uma das causas originais, talvez a causa original, da nossa multifacetada crise global.

(CAPRA & LUISI, 2014)

*Quanto maior o número de pessoas em **quantidade e longevidade**, maior deve ser a quantidade de produtos e serviços para **sustentar e dar qualidade de vida à população**.*

O aumento do consumo inconsciente polui, degrada e sufoca o meio ambiente, atingindo todo o ecossistema, afetando todas as formas de vida do planeta. Essa nova geração está chegando com uma nova estrutura fisiológica que parece tender a mudar os hábitos, em especial o alimentar. Bem como com uma nova consciência, o que por si só não garante que todos consigam agir de forma positiva. De qualquer modo, até que se possa ter o planeta habitado por uma maioria desses seres diferenciados, e esperamos que possam mudar a forma pela qual a sociedade age, continuaremos a provocar estragos incalculáveis pela nossa forma de lidar com a vida e tudo do que dela depende.

A velocidade das mudanças é tal que tem atingido indistintamente a humanidade. O que torna tudo mais difícil, devido ao fato de a parcela da população mundial oriunda de gerações mais antigas ainda ser imensamente maior, se comparada ao que hoje forma essa nova geração. Todos indistintamente estão sendo atropelados pelas mudanças.

Pois com o crescimento populacional que presenciamos a partir dos anos 1950, além de ter que aprender a conviver com um número maior de pessoas, a humanidade teve que aprender a conviver com o envelhecimento da população. Fator que afeta a vida em todos os aspectos: econômico, social, físico, ambiental e emocional.

Quanto maior o número de pessoas em quantidade e longevidade, maior deve ser a quantidade de produtos e serviços para sustentar e dar qualidade de vida à população. Tarefa que nem os avanços tecnológicos têm conseguido dar conta na mesma proporção das necessidades surgidas, em especial das implantadas pelo modelo econômico vigente.

No setor da saúde, cresce a necessidade de atenção e tratamentos para doenças degenerativas que vieram com a longevidade, bem como as doenças emocionais. As concentrações populacionais tendem a acirrar os conflitos de convivência, associados a uma cultura de descarte que aumenta o desrespeito humano. Com maior tempo de vida, fica difícil encontrar a equação adequada capaz de acrescentar vida a esses anos a mais que o ser humano conquistou. Especialmente quando percebe que esse acréscimo deve ser feito sob um novo modelo para o qual ele não foi preparado, que o fez perder a autoridade e o papel de comando nos mais diferentes campos.

AS NOVAS GERAÇÕES E A LIDERANÇA. QUAIS AS EXIGÊNCIAS?

*A **cada geração, mudam** as **expectativas,** constroem-se novas crenças, o **comportamento** humano é **alterado,** fazendo mudar tudo o que nos rodeia.*

A cada geração, mudam as expectativas, constroem-se novas crenças, o comportamento humano é alterado, fazendo mudar tudo o que nos rodeia. E a humanidade vai seguindo, transformando o meio em que vive e ao mesmo tempo sendo influenciada por ele em uma simbiose constante. Conforme a época, a forma de lidar com as pessoas muda. As relações ganham novas nuances a partir de como passam a ver e sentir o mundo que as rodeia.

Sendo o líder a pessoa cujas ações e palavras exercem influência sobre o pensamento e comportamento de outras. Definição essa que sempre representou e de certa forma prossegue representando aqueles cuja função é comandar outras pessoas. A liderança em qualquer tempo tem por finalidade conduzir grupos a um destino, na tentativa de alcançar seus objetivos. Esse papel se observa inclusive no reino animal, entre diferentes espécies.

Quando se trata do ser humano, ela é exercida nos mais diferentes ambientes e situações. Na família, no trabalho e na sociedade de um modo geral. A liderança nas organizações tem por finalidade o alcance de metas e objetivos traçados inicialmente pelo que chamamos de alta direção, e é desdobrada para todos os níveis da organização. Quanto maior a organização, maiores são os desdobramentos das metas que compõem o planejamento geral, contudo, em todos os níveis o trabalho é voltado para o alcance da grande meta. Ou seja, a meta principal da organização.

As metas são sempre numéricas. Quantidade física (produto ou serviço) e financeira (lucro resultante da operação). Ao líder, cabe conduzir pessoas para executar processos que levem ao alcance dessas metas.

Ao longo do tempo, os modelos de liderança e o perfil dos líderes necessitaram se adaptar a cada época e ao conjunto de valores e crenças que foram sendo construídos. Mas sempre com o intuito de chegar aos resultados traçados a partir dos padrões consolidados. O que muda são os meios.

Um líder da década de 1950 normalmente era mais autoritário. Apesar de, nesse período, já ter se passado mais de meio século da abolição da escravatura nas Américas, ainda demonstrava um comportamento mais próximo ao dos feitores de escravos do que de um verdadeiro líder. O tratamento dado aos subordinados vinha de uma postura de superioridade.

Em um período pós-guerra, onde imperou a escassez, a violência e a selvageria, tudo o que as pessoas queriam era uma oportunidade para trabalhar, para poderem conquistar uma vida com mais fartura, com isso se submetiam a comandos mais rígidos. Apesar de as Américas não terem vivido guerras em seus territórios, em especial no Brasil, a influência do comportamento era sentida também por aqui.

A partir dos anos 1960 os jovens da época, ávidos por maior liberdade, se tornaram protagonista dos movimentos sociais, onde os movimentos sindicais que já haviam se iniciado anteriormente passaram a exercer um papel fundamental na exigência por melhores condições de trabalho, passando a exigir um novo perfil de líder. A capacidade de negociação passou a fazer parte. O líder, além de firme, precisava ser estratégico. Não bastava mais apenas saber mandar. Nascia a necessidade de pôr em prática os verdadeiros princípios de liderança. Conseguir a dedicação e o esforço dos seus liderados não mais apenas pelo medo, mas sim pela conquista, pela capacidade de influenciar. Ou seja, por meio de ações e palavras, exercer influência sobre o pensamento e comportamento dos liderados.

Nesse período, apesar das novas exigências, ainda eram aceitos comportamentos que mesclavam influência com coerção. À medida em que os anos foram passando e o comportamento humano foi mudando, o papel e o comportamento do líder precisaram se adaptar. Mas, por mais estranho que possa parecer, ainda hoje, em pleno século XXI, encontramos nas lideranças comportamento e perfis que remetem ao século passado.

> Apesar de termos tido uma evolução exponencial do ponto de vista tecnológico, diferente do que muitos possam pensar, o comando do mundo continua nas mãos das gerações analógicas.

Um estudo que foi publicado em 2020 por uma equipe de médicos e psicólogos no NEW ENGLAND JOURNAL OF MEDICINE, em um artigo com o título "Velho uma ova", afirma que as maiores organizações mundiais são comandadas por pessoas com idade entre 60 e 80 anos, que a idade média dos presidentes das 100 maiores empresas do mundo é de 63 anos, dos ganhadores do Prêmio Nobel é de 62 anos, dos pastores das 100 maiores igrejas dos EUA é de 71 anos e a dos Papas de 76 anos.

Esse estudo afirma que a idade mais produtiva do ser humano está entre 60 e 70 anos, seguida da faixa entre 70 e 80 anos, tendo como terceira etapa entre 50 e 60. Que aos 60 anos, o ser humano atinge o topo do seu potencial emocional e mental, se estendendo até os 80 anos.

O estudo, entre outros aspectos, tem a intenção de nos mostrar que a ideia do obsoletismo humano é equivocada. Que a idade não é um fator que por si só incapacita o ser humano. Mas quando pensamos em termos de liderança, percebemos que precisamos ter um olhar mais apurado. A tarefa de liderar nesse novo contexto tem sido cada vez mais complexa. Ter que lidar com uma diversidade cada vez maior de liderados, pois as diferentes gerações se mesclam no mesmo ambiente. Os grupos passam a ser formados por seres completamente diferentes, tanto em habilidades como em comportamentos. Nunca vivemos uma época em que tantas gerações se encontraram, tendo que conviver nos mesmos espaços e lidar, cada uma, com comportamentos e atitudes diferentes, muitas vezes opostas às suas.

*A **velocidade** das **mudanças** faz com que pessoas nascidas com diferenças de tempo muito pequenas apresentem capacidades e **comportamentos distintos**.*

Os jovens que já ocupam funções no mercado de trabalho são vistos como descomprometidos e imediatistas. Não se fixam em um trabalho ou empresa. Atitudes que se chocam em comparação às gerações anteriores.

Esse encontro se deve primeiro porque estamos vivendo mais; segundo, porque os grupos humanos que formam a população, quando classificados por períodos e comportamentos, são cada vez mais diversos. A velocidade das mudanças faz com que pessoas nascidas com diferenças de tempo muito pequenas apresentem capacidades e comportamentos distintos.

Considerando que a maior parte do comando das principais organizações esteja nas mãos de gerações mais velhas e, por mais que tenhamos uma capacidade de mudança e adaptação, não conseguimos acompanhar a capacidade cerebral de quem está chegando. Diante disso, os conflitos e as dificuldades aumentam e se tornam inevitáveis.

Da mesma forma que pais, avós, professores e cuidadores se veem perdidos sem saber como lidar com o comportamento dos jovens e das crianças nascidas nas últimas décadas, a dificuldade do líder não é menor. Principalmente porque ele recebe o comando de um cérebro do início século XX, que espera resultados vindos da tecnologia do século XXI, obtidos por seres, alguns já com cérebro do século XXII e que para isso precisa conciliar todas as habilidades.

Apesar de já ter sido constatado que nem sempre um bom técnico se torna um bom líder, a premissa de que ele deve conhecer tecnicamente o processo ainda é válida. Porém, na atualidade, ele vai se deparar cada vez mais com seres que terão conhecimentos e habilidades que, por mais que ele se esforce, não irá conseguir se equiparar.

Não dá para pensar em um modelo único de liderança. O líder terá que ter sensibilidade para lidar com os múltiplos perfis e comportamentos.

A capacidade de delegar e confiar será primordial nestes novos tempos. A flexibilidade, a empatia, o respeito às diferenças, a humildade... Ou seja, um líder mais humano e menos técnico, mais inspirador do que condutor, certamente terá mais êxito.

Não dá para pensar em um modelo único de liderança. O líder terá que ter sensibilidade para lidar com os múltiplos perfis e comportamentos, agindo de acordo com as múltiplas situações que este contexto vai apresentar.

Devemos cultivar mais atributos humanos fundamentais, que respaldem nossas ações e atitudes, do que querer imprimir um modelo específico de liderança.

CAPÍTULO 02

Geração 3000 O medo do desconhecido

Quanto maior o despreparo para lidar com os diferentes comportamentos trazidos pela Geração 3000, maior a insegurança e maior o desejo de controle, que pode ser exercido de diversas formas e com diferentes mecanismos, entre eles a mordaça química, quando enquadrados na categoria de doentes.

1. Controle

A humanidade sempre teve o anseio de controlar os acontecimentos, os esforços para alcançar o progresso se contradizem com a busca pelo que chamamos de estabilidade. O entendimento de que o progresso é um feito do homem, sob o qual ele acredita ter controle, é esse mesmo progresso que impulsiona as mudanças e gera muitos dos desequilíbrios que vivenciamos, em especial no que tange às relações humanas.

A necessidade de domínio se pauta pelo controle das coisas, e com elas a tentativa, mesmo que oculta, de controlar as pessoas e ditar modelos de comportamento que estejam a serviço dos sistemas econômicos e do poder.

Isso se faz por meio do modelo mercadológico que estuda o comportamento e procura exercer o domínio sobre as mentes humanas que acreditam estarem exercendo o poder de escolha. O principal componente desse modelo é a crença de que precisamos parecer modernos, mas ainda assim conquistadores. A posse de coisas, em especial de tecnologias, cria um sentimento de conquista e pertencimento a um mundo que de outra forma seria irreconhecível para a maioria. Também vem embutido a esse sentimento um outro, que é uma espécie de garantia de preparo para o futuro. Futuro esse que é totalmente incerto e ameaçador.

O fato de os humanos que compõem a Geração 3000 serem tão diferentes para muitos, as suas habilidades até então desconhecidas, se constitui uma ameaça. Quanto mais desconhecidos, maior a insegurança e maior o desejo de controle, que pode ser exercido de diversas formas e com diferentes mecanismos, entre eles a mordaça química, quando enquadrados na categoria de doentes.

> *Falta de atenção e foco virou doença. O nome? Transtorno de Déficit de Atenção com Hiperatividade. A suposta solução? O remédio tarja preta, do qual o Brasil é o segundo maior consumidor do mundo. Psiquiatras culpam o cérebro; outros, a sociedade. Nosso repórter ouviu os dois lados e passou uma semana sob o efeito da 'droga da obediência'.*
>
> *(KAISER, 2011)*

2. Negação

Sempre que algo novo e inesperado surge, temos dificuldade de lidar e o primeiro impulso é a rejeição. Fazemos isso negando a sua existência ou as possibilidades de que ele possa causar algum efeito que nos afete. Ao persistir, passamos para a fase de tentar encontrar uma explicação que nos recoloque em uma zona de conforto como se estivéssemos no controle da situação. Em seguida, vem a fase de tentar mudar esse novo para que ele se encaixe no que é conhecido e assim deixe de nos assombrar.

> Mas para que possamos operar qualquer mudança, seja de que natureza for, necessitamos conhecer, entender o funcionamento do que queremos ou pretendemos mudar. Mas como fazer isso presos aos conceitos já solidificados?

Não podemos esperar que *uma pedra dê* ***frutos****, muito menos que uma árvore* ***produza ferro*** *para a indústria, mesmo que possamos investir em melhoramento genético ou outro processo qualquer.*

Se não sabemos como algo funciona de verdade, não temos como propor mudanças ou mesmo descobrir se pode de fato ser mudado. O simples fato de que algo não se apresenta ou funciona como desejamos não significa que ele possa ser transformado a ponto de cumprir com o papel que dele esperamos ou mesmo produzir os resultados que queremos.

Não podemos esperar que uma pedra dê frutos, muito menos que uma árvore produza ferro para a indústria, mesmo que possamos investir em melhoramento genético ou outro processo qualquer.

A atitude negacionista diante do desconhecido é uma forma de autoproteção. Como se o fato de não reconhecermos possa nos proteger do temor que o desconhecido nos impõe. É como se, com essa atitude, o que nos assusta deixasse de existir.

Precisamos ser capazes de nos despir dos nossos desejos e do nosso pretenso saber. Precisamos estar dispostos a aprender e a reaprender, estar abertos ao novo na busca do conhecimento para desenvolver a capacidade de transformação, primeiro de nós mesmos, tal qual um artista que consegue ver beleza e formas onde aparentemente nada existe, porque é capaz de ir além da simples aparência e dos conceitos já dados às coisas. E é esse desprendimento que lhe confere a capacidade de extrair de cada matéria-prima o que ela tem para oferecer. Porém, se negasse o desconhecido, o não aparente, jamais conseguiria criar. Para isso, precisamos educar primeiro o nosso olhar e a nossa postura diante dos fatos e das coisas. Perceber o contraditório que habita a maior parte das nossas certezas. Certezas essas que adquirimos sem nos questionar de onde vieram.

Como lidar com as mudanças se tememos tudo o que é desconhecido?

*Aprendemos a seguir e a **obedecer** a **dogmas** criados e **difundidos**, a ponto de nos tornarmos **reféns deles**.*

O contexto em que vivemos prima pelo contraditório. Todos conhecem e concordam com os tratados em defesa da vida, mas a maioria condena todo tipo de vida que não esteja em acordo com sua e/ou com os padrões socialmente aceitos, mesmo que com eles não esteja satisfeito. Falamos em inovação e desejamos mudanças agarrados à forma do que desejamos mudar. Aprendemos a seguir e a obedecer a dogmas criados e difundidos, a ponto de nos tornarmos reféns deles. Não ousamos questionar o que está posto. Quando muito nos sentimos vítimas. O exemplo do dogma central da biologia, segundo o qual os genes controlam a vida.

> *Este dogma tem uma séria falha: os genes não ligam-desligam sozinhos. Ou, em termos mais técnicos, não são aquilo que chamamos de "autoemergentes". É preciso que fatores externos do ambiente os influenciem para que entrem em atividade. Os biólogos já sabiam disso havia muito tempo, mas o fato de seguirem cegamente os dogmas da ciência os fazia ignorar esse conhecimento.*
>
> *(LIPTON, 2007)*

A citação, do Dr. Bruce Lipton em seu livro *A biologia da crença*, nos mostra que a ciência, que muito contribuiu e contribui com a humanidade, é talvez a maior criadora desses dogmas. Há a ideia de que tudo o que não é cientificamente comprovado não é digno de ser considerado e quem ousa questionar não raro é desqualificado ou tido como louco.

Tendo em vista que o número de cientistas que de fato "provam" suas teorias é infinitamente pequeno em relação à população que passa a segui-las, apegando-se e defendendo-as, podemos dizer que somos "comandados" por poucos e deixamos de exercer o direito e o dever de procurar olhar o mundo de forma diferente, pelo medo de parecermos ignorantes, mesmo quando somos provocados a fazê-lo.

O medo implantado pelo determinismo científico cria um ciclo vicioso. Mantendo a ignorância, não ousamos nos expor. Pois podemos ser tachados de ignorantes, sendo mais cômodo repetir o que está "comprovado", assim sendo, o medo de parecer ignorante mantém a ignorância que alimenta os padrões ditados.

Esse comportamento cria ao longo do tempo uma carapaça que aprisiona e impede que possamos ver até mesmo o que está à nossa frente. É necessário criar um distanciamento dos nossos pontos de vista ou dos pontos de vista que adotamos para nos guiar, para sermos capazes de ver algo diferente. Agimos quase sempre como quem deseja aprender a jogar damas ou xadrez com os olhos encostados no tabuleiro. Dessa forma, só iremos conseguir ver um quadrado preto ou um branco, nunca as possibilidades que esse conjunto oferece.

Basicamente, todos os conhecimentos construídos para explicar a evolução da natureza, em especial da raça humana, nos mostraram que ela é longa e lenta, que as mudanças só se consolidam ao longo de milhares de anos. Porém, parece que essa realidade mudou e precisa ser revista, sob pena de adotarmos posturas e tratamentos desumanos com as novas gerações nos baseando apenas no que já está posto. Cientificamente comprovado.

> Com a chegada cada vez em maior número de humanos pertencentes à Geração 3000, estamos convivendo com comportamentos e atitudes diferenciados dos que estávamos acostumados, e a primeira reação é a de tentar encontrar uma explicação no conhecido, nos protocolos já consolidados, onde tudo o que está em desacordo é tido como anomalia.

Temos visto inúmeras publicações que tratam sobre as novas gerações, sempre tentando enquadrá-las no universo já conhecido. Uma delas é o livro intitulado *A fábrica de cretinos digitais*, do neurocientista francês Michel Desmurget (2021), que apresenta estudos de como os dispositivos digitais estão afetando negativamente o desenvolvimento neural de crianças e jovens. Em uma entrevista para a BBC News Mundo, ele afirma que os jovens de hoje são a primeira geração da história com um QI (Quociente de Inteligência) mais baixo do que a anterior.

Os estudos do Dr. Michel Desmurget (2021) são mais um dos que têm, nos últimos tempos, tratado sobre os perigos da tecnologia. Não estou questionando os estudos, muito menos a veracidade e a importância deles, mas o fato de não levarem em consideração outras formas de avaliação e qualificação dessa geração. Tudo é feito estritamente a partir das ferramentas usadas para medir a capacidade intelectual da mesma forma que se fez há mais de um século.

Segundo consta, os testes de QI surgiram na China, no século V, mas só foram reconhecidos cientificamente no início do século XX. Diversos métodos para a avaliação da capacidade intelectual foram criados nessa época, mas o que foi desenvolvido por John C. Raven, da Universidade de Dumfries, Escócia, e publicado em 1938 foi o que ganhou notoriedade.

O Dr. Michel Desmurget afirma que o teste de QI não é estático, que está sempre sendo revisado. Ainda assim, na minha visão, não cabe classificar uma geração como menos inteligente, baseado em um teste que mede apenas o aspecto intelectual do ser humano, em uma época em que muitos outros cientistas, entre eles Daniel Goleman, já têm apontado outras formas de analisar a capacidade humana, levando em conta também o coeficiente emocional como fator fundamental para o desenvolvimento da capacidade cerebral... A mim, parece estar havendo uma dessas inversões, com a qual nos deparamos constantemente, na qual o método é mais importante do que o avaliado.

*Muitos cientistas já têm apontado outras formas de analisar a capacidade humana, levando em conta também o coeficiente emocional como **fator fundamental** para o **desenvolvimento** da **capacidade cerebral**.*

Para corroborar com essa tese, cito aqui mais um trecho do livro *Pedagogia 3000*, de Noemi Paymal (2008), que reúne estudos de várias áreas do conhecimento.

> *Crianças que apareciam com uma personalidade muito definida, sem possibilidade de diagnóstico porque cada uma era diferente, e à que não podiam aplicar o clássico QI (coeficiente intelectual), não porque fossem mais inteligentes, mas porque elas estavam em um comprimento de onda diferente. Nunca tantas e tais exceções apareceram juntas na História da Psicologia.*

Tomando por referência esse trecho do livro *Pedagogia 3000* e as afirmações do Dr. Michel para a BBC News Mundo, me parece haver um grande antagonismo quando se trata de avaliar a capacidade intelectual do ser humano.

Enquanto o Dr. Michel fala baseado no teste de QI, no livro *Pedagogia 3000* encontramos um estudo sobre a evolução secular do desenvolvimento da capacidade cerebral do ser humano, trazendo uma hipótese de desenvolvimento que vai do *homo sapiens* ao que se chama de *homo* em transição para o *homo consciencius*. Levando em conta o desenvolvimento dos coeficientes intelectual e emocional ao mesmo tempo, bem como o desenvolvimento dos lóbulos pré-frontais, onde o ser humano poderá vir a lograr 100% da sua capacidade cerebral.

No tocante aos estudos do Dr. Desmurget, concordo que temos que estar atentos às nossas crianças e jovens, pois como em qualquer outra época, apesar das profundas diferenças e das novas habilidades por eles apresentadas, ainda cabe a nós o cuidado com o seu bem-estar. Ponto em que estou de acordo, haja vista que nós fomos pegos de surpresa com o desenvolvimento tecnológico e não sabemos de fato quais os seus efeitos.

O que aqui me cabe trazer é a reflexão sobre o medo do desconhecido e o fato de muitas vezes sabermos que há algo errado no conhecido e mesmo assim insistimos nele por comodidade.

Enquanto ***não tivermos o cientificamente comprovado,*** *devemos* ***nos colocar como observadores*** *e não julgadores.*

> *Na palestra que teve de apresentar durante o processo de entrevistas para a vaga de professor em Stanford, acusou todo o corpo docente, inclusive muitos dos renomados geneticistas ali presentes, de se comportar exatamente como os fundamentalistas religiosos, aceitando o dogma central mesmo sabendo de todas as suas falhas.*
>
> *(LIPTON, 2007)*

É verdade que temos um grande desafio pela frente e que precisamos de dedicação e novos estudos. Mas enquanto não tivermos o cientificamente comprovado, devemos nos colocar como observadores e não julgadores, muito menos como oportunistas que desrespeitam a ciência por interesses pessoais e acúmulo de poder. É tempo de estarmos muito atentos, sob pena de cometermos erros irreparáveis por ignorância e, também, pelo medo dela.

Entender que não é o mundo nem são as pessoas que têm que mudar, mas sim as nossas expectativas sobre ambos, é fundamental para começarmos a pensar essa nova realidade, onde possam coexistir seres humanos com diferenças tão acentuadas.

3. Previsibilidade

Como líderes, aprendemos que temos que planejar e vislumbrar como queremos que os nossos negócios estejam daqui a cinco ou dez anos e tentar criar estratégias que garantam os resultados. Mas como fazer isso em tempos de mudanças constantes e cada vez em maior quantidade, incluindo uma geração de seres humanos tão diversa? A Geração 3000.

O planejamento tem por objetivo minimizar os riscos dos negócios. Porém a tarefa de tentar prever os acontecimentos analisando tendências tem ficado cada vez mais complexa. Um bom plano de negócios, que analisa de forma ampla todos os pontos, tanto as oportunidades como as ameaças, é sim uma ferramenta imprescindível para qualquer projeto. Deve ser o ponto de partida que dá a direção e pode nos levar aos resultados esperados. Ele é capaz de nos preparar, mas não garante que tudo possa ser previsto.

O líder despende grande esforço e gasta muita energia tentando encontrar indícios que deem segurança para a tomada de decisões. Tentar tornar previsíveis os resultados, se antecipando aos problemas e agindo preventivamente a eles. É o que se espera.

Vicente Falconi Campos (2009) afirma que falhamos:

porque não colocamos as metas certas ou não definimos nossos problemas de forma adequada: por falta de conhecimento técnico; porque não executamos os planos de ação adequadamente e a tempo; e porque podem ocorrer circunstâncias fora do nosso alcance.

A cada dia mais, esse último aspecto citado por Vicente Falconi Campos (2009) tem assombrado as lideranças. Lidar com o imprevisível. São tantas as mudanças e os aspectos a serem considerados que tornam quase impossível ter previsões seguras. Porque os imprevistos de hoje não ficam apenas no campo do tempo. Não sabemos se podem acontecer ou não. O imprevisto mais assustador é o que conta com aspectos que ignoramos, que são desconhecidos para a maioria de nós.

Toda a organização existe, em princípio, para prestar serviço ou oferecer produtos que atendam às necessidades dos seus públicos. Sejam eles empregados, acionistas, clientes ou a própria sociedade como um todo.

O marketing tem por finalidade estudar as características de cada público, e criar estratégias que atendam às necessidades ou possíveis necessidades de cada um. Porém são os clientes que demandam maior atenção, já que são eles que sustentam toda a cadeia e geram os recursos que mantêm os demais.

Com as mudanças acontecendo cada vez de forma mais rápida e com efeitos cada vez mais profundos, construir um planejamento que contemple e consiga prever de forma eficiente essas mudanças e as suas consequências tornou-se uma busca diária e não mais um estudo de planejamento anual. Mas como planejar diante de questões que desconhecemos?

Uma vez que, além de tentar prever, o líder precisa saber lidar com essas mudanças que acontecem em todos os âmbitos e com todos os públicos. O foco precisa se deslocar conforme o momento, sem perder o contexto.

A questão é que, com a chegada da Geração 3000, muitos dos conceitos e técnicas aprendidas não dão conta de lidar com esses novos seres humanos, que estão exigindo uma mudança de comportamento e uma nova direção das nossas ações.

Com as ***mudanças*** *acontecendo cada vez de forma mais rápida e com* ***efeitos*** *cada vez* ***mais profundos****, construir um planejamento que contemple e consiga prever de forma eficiente essas mudanças e as suas consequências tornou-se uma busca diária.*

A resistência em abrir mão do controle faz com que as lideranças dos diferentes setores tentem desesperadamente encaixar esses seres no conhecido. Fomos ensinados a lidar com o imprevisível e não com o diferente. Os imprevistos, como os entendíamos, ficavam restritos a acontecimentos indesejados, mas de certa forma esperados. O que os diferenciava era o fato de não sabermos quando iria acontecer. A exemplo da morte, de uma crise econômica, provocada por uma situação climática, entre outras.

Porém, agora, o imprevisto é também desconhecido e imaginado.

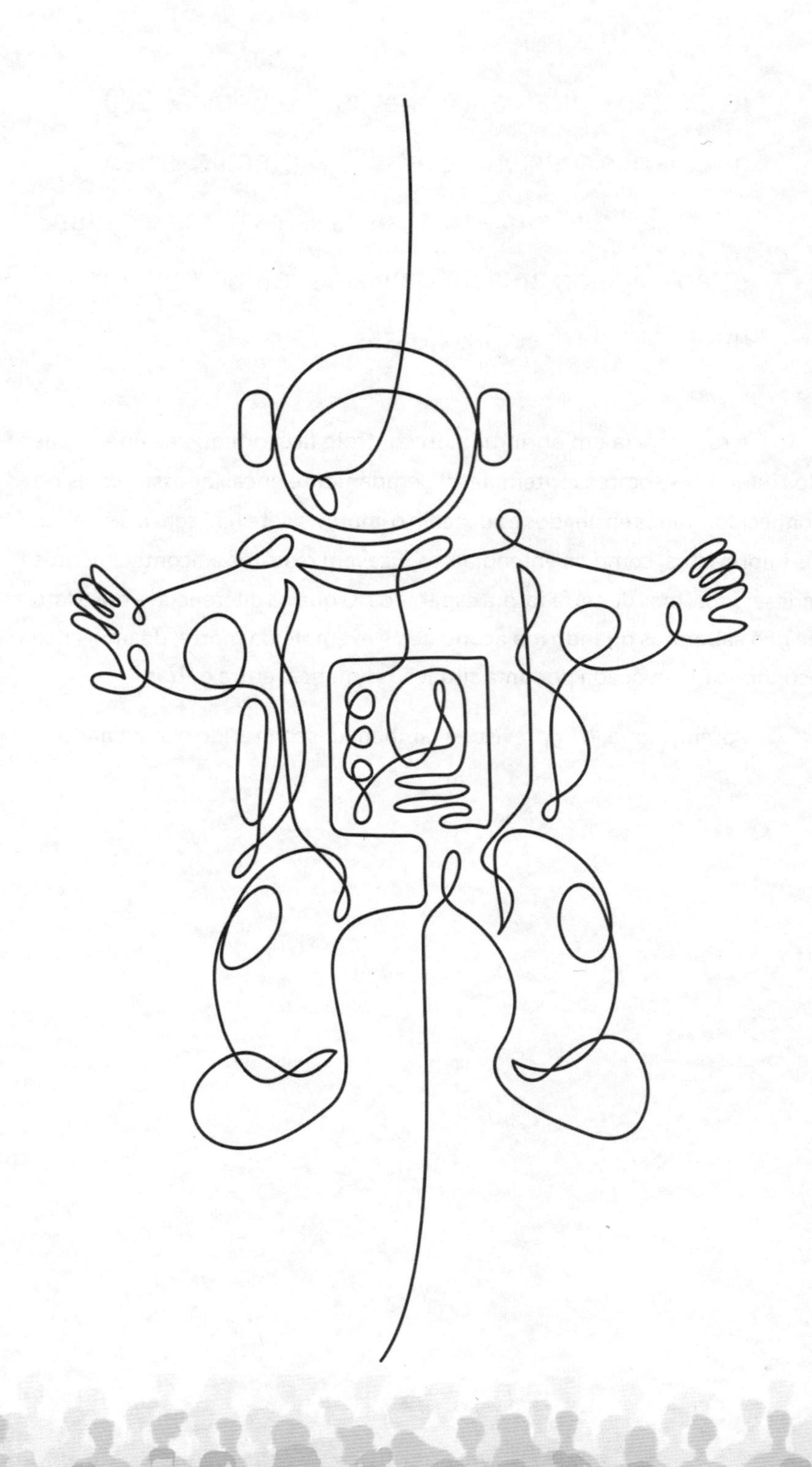

CAPÍTULO 03

Geração 3000 Ameaça às certezas

"Todas as descrições sobre a realidade são hipóteses temporárias."
(Buda)

A evolução que vivenciamos nos últimos anos não se compara a nada antes vivido. Quando o filósofo Heráclito de Éfeso, que viveu entre 540 a.C. e 470 a.C., afirmou que "nada é permanente, exceto a mudança", ao fazer essa afirmação, ele não foi compreendido, e continua não sendo. Muitos de nós até hoje temos dificuldade de entender o significado dessas palavras. Embora o universo conhecido sempre esteve e esteja em processo de mudança, de transformação, em tudo podemos perceber a constante evolução. Mesmo assim continuamos querendo estabilidade como fator de segurança.

Aprendemos que quando se trata de evolução, em qualquer setor, mas em especial o da raça humana, ela é lenta e quase imperceptível. A humanidade viveu por séculos sem muitas preocupações nesse sentido. A cada geração, o mais perceptível sempre foi a mudança de comportamento. Nesse sentido, nossos pais e avós comumente lamentavam-se, usando expressões como: o que vai ser desses jovens? ou "o mundo está perdido", todas as vezes que se deparavam com as atitudes e comportamentos que contradiziam a forma de agir e se comportar, que tinham como certos, em especial quando esses comportamentos e atitudes estavam relacionados às questões da moral e dos costumes reinantes na época e no local.

A Geração 3000 vem nos mostrando que o que está mudando não é apenas o modo de ver a vida e os valores morais. Se emprestarmos os termos da área da saúde, o comportamento desses jovens são apenas sintomas e não a causa das mudanças. O que estamos experimentando com as novas gerações é causado pelas mudanças das estruturas neurológicas, fisiológicas, psicoemocionais em um tempo extremante curto, se comparado ao que os estudos já existentes nos mostram. Não há até então muitos registros e estudos tratando desse tema que contemplem todas essas questões de forma conjunta, embora as evidências sejam diárias.

Basta conversarmos com quem tem contato direto com essa nova geração, especialmente os nascidos nos últimos vinte anos, não deixam dúvidas de que são muito diferentes. O que ocorre é que, como fomos doutrinados a pensar e agir baseados no que já conhecemos ou supomos conhecer, a partir do que alguém, um cientista ou estudioso, deixou registrado sobre o assunto, temos dificuldades em aceitar o novo ou o diferente. Facilmente rejeitamos por não conseguirmos lidar com o desconhecido pela incerteza que traz.

Somos muito apegados às nossas crenças. Descobrir que verdades absolutas são inverdades é difícil de aceitar. Porém nos confrontamos e somos confrontados todos os dias por novas situações que acabam por minar muito do que tínhamos como certo.

Francis S. Collins, no seu livro *A linguagem de Deus* (2007), escreve:

> *Se você tem uma crença (....) é quase certo que há ocasiões em que sua fé entra em conflito com outros desafios, vindos de você ou daqueles à sua volta.*

A dúvida que tanto tememos não é um elemento mau, ela nos convida ao movimento de olhar o mundo à procura de novos elementos para entender o que se passa à nossa volta. Ela nos tira da zona de conforto, nos obrigando a rever as nossas posições. É o mesmo que acontece quando ouvimos um ruído que desconhecemos. A primeira atitude é tentar descobrir de onde ele vem e o que o provocou. Dependendo da sua intensidade, maior é a nossa necessidade de tentar identificar a origem e o que representa, se é apenas algo que nos incomoda momentaneamente ou se pode ser alguma ameaça real. Mas só obtemos a resposta quando nos propomos a saber, quando nos movimentamos para investigar. Ignorar ou fugir não é a atitude mais sábia.

*Quando a vida está seguindo em um **ritmo** que consideramos tranquilo e algo vem para **desestabilizar**, a melhor ação é tentar entender para saber como lidar com os acontecimentos. Negar, fugir, ignorar, rejeitar, desqualificar e **afrontar** são atitudes que causam mais desgaste do que **soluções**.*

A dúvida funciona da mesma forma. Quando a vida está seguindo em um ritmo que consideramos tranquilo e algo vem para desestabilizar, a melhor ação é tentar entender para saber como lidar com os acontecimentos. Negar, fugir, ignorar, rejeitar, desqualificar e afrontar são atitudes que causam mais desgaste do que soluções.

Quando se trata da Geração 3000, seus comportamentos e condutas considerados incomuns, vemos e ouvimos, até mesmo de especialistas, o que eu chamo de ruídos, que mais confundem do que dão direção, pois o que tem prevalecido são teorias baseadas nas atitudes de rejeição ou, no máximo, na tentativa de enquadramento aos padrões já conhecidos, porque eles em algum momento já nos trouxeram a segurança da chamada certeza. Essas teorias e ideias nos conduzem para que tenhamos posturas que em nada contribuem, na verdade são nocivas. Tratar o tema com descaso, acreditando que é apenas falta de postura, incapacidade dos que educam ou culpa dos meios de comunicação que exercem influência negativa sobre os que chamamos vulneráveis, não é o caminho. Ver tudo como anomalia, doença, algo que pode ser tratado, medicado e controlado, é como jogar um pano sobre algo que não queremos ver.

Continuamos presos às nossas crenças e valores construídos com a promessa de nos dar segurança e direção. Temos a necessidade de sentir que estamos no controle, embora na maioria das vezes não saibamos como exercer.

Enfrentar essas crenças é uma tarefa dolorida para muitos, porque tira as certezas tão buscadas ao longo da vida e os deixa sem chão.

Como líderes não podemos e não devemos nos furtar da busca pela compreensão para melhor lidar com o que nos cerca, mesmo que isso represente ter que romper com ideias e ideais que cultivamos por muitos anos.

DESCONSTRUINDO CRENÇAS

*Continuamos **presos** às nossas **crenças e valores construídos** com a promessa de nos dar **segurança** e **direção**.*

Toda verdade passa por três estágios. No primeiro, ela é ridicularizada. No segundo, é rejeitada com violência. No terceiro, é aceita como evidente por si própria.
Schopenhauer

1. Crença da confiabilidade

A evolução da raça humana e de tudo o que existe no universo é lento. Não há como ser diferente. Afinal, até agora é isso que conhecemos. Estudos que possam ter base confiável levam muito tempo. Não há nada que prove. Portanto, é bobagem perder tempo com isso!

Essas são afirmações baseadas no conhecido, no estudado. Embora todo estudo científico seja a defesa de uma hipótese, enquanto não se tem outra ficamos presos a ela.

Então como acreditar que os humanos que nasceram nas últimas décadas tenham características que, se colocarmos em uma escala de tempo e na mesma velocidade evolutiva dos últimos séculos, talvez só fosse possível a partir do ano 3000?

Se o nosso comportamento, diante dos que já apresentavam e apresentam características consideradas incomuns, limita-se à rejeição e muitas vezes ao sentimento de vergonha.

Para entender a rejeição a temas como esse, basta olharmos como se comportam as pessoas em geral ao ver ameaçados os principais padrões de comportamento e as chamadas verdades, adotadas pela maioria dos que ainda estão no comando das maiores organizações que exercem influência na humanidade. Uma das formas de enfrentar o que consideram uma ameaça é a disseminação de teorias de conspiração, fruto do sentimento de insegurança provocado pelo medo do desconhecido. A primeira atitude estimulada é a descrença, dúvidas plantadas sobre tudo e todos. Com a maior parte dos humanos confusos, aqueles que creem deter o poder também acreditam que estão ganhando tempo para restaurar o que chamam de normalidade e combater as ameaças. Usam o medo para exercer o controle, fazendo com que a maioria acredite que o seu bem-estar está ameaçado. A quebra da harmonia em todos os ambientes conhecidos torna-se inevitável.

Um fato claro é o que vivenciamos com o desenvolvimento da vacina para conter a pandemia da Covid-19. Entre o desejo de ter uma solução para esse evento que mexeu com a vida humana no planeta e o medo instalado através do uso de informações distorcidas, onde alguns, aproveitando a insegurança de muitos, tentaram e ainda tentam impor as suas ideias e seus ideais, fazendo surgirem dúvidas quanto à segurança da vacina, associando-a a teorias de conspiração, que contribuíram com o ressurgimento de movimentos separatistas.

Aproveitando-se do fator do isolamento social como aliado para conter a disseminação do vírus e em nome da segurança dos seus, passaram a fechar as fronteiras. Países e continentes se fechando com o objetivo de se proteger. Se compararmos com a época das cavernas, é como se os seres humanos estivessem procurando a maior pedra possível de ser carregada para trancar a entrada da caverna, com o objetivo de não serem atacados por uma fera que não imaginavam existir, que surgiu quase que do nada, com comportamento e hábitos desconhecidos, com a qual não sabem ainda como lidar. Cada sugestão de enfrentamento apresentada por um membro da tribo é questionada, refutada por alguns que vão tentar demover o restante da ideia, considerando que o risco da ação de enfrentamento é maior do que a própria fera.

O padrão até então conhecido relacionado às grandes descobertas, em especial na área médica, é de que precisa de tempo, caso contrário não é digna de confiança. Padrão esse, ensinado ao longo da história, de que grandes soluções não são encontradas de forma confiável em pouco tempo. Esse é um dos paradigmas que estão sendo quebrados com o desenvolvimento em tempo recorde não de uma, mas de várias vacinas para combater o vírus, apesar de alguns questionamentos. Tempo e confiabilidade estão nos dando uma nova lição.

2. Crença da certeza

Com a presença entre nós da Geração 3000, acentua-se o medo do desconhecido, embora ele sempre tenha permeado as mentes humanas, que procuram de todas as formas estar no chamado terreno seguro. O sentimento de incerteza aciona emoções como: medo, angústia e ansiedade, que geram sofrimento. E do sofrimento todos querem conscientemente se afastar.

Mesmo que de forma empírica, já aprendemos que nada é estático, que o que é verdade em um momento pode mudar no momento seguinte, adotamos como comportamento seguro, seguir aquilo que está comprovado, esquecendo que mesmo o que foi comprovado só é verdadeiro até que outro estudo mostre novas facetas.

Esse comportamento continua provocando atitudes extremas. O problema não está em aceitar ou refutar um estudo ou uma evidência. Ele está no comportamento extremo, quando alguns passam a divulgar as suas ideias como verdades absolutas e não como possibilidades, gerando confrontos que impossibilitam a busca equilibrada de novas alternativas. O desejo de fazer valer o seu ponto de vista sempre foi e continua sendo um grande obstáculo para que o conhecimento flua e possa contribuir com a maioria.

*O desejo de **fazer valer** o seu **ponto de vista** sempre foi e continua sendo um grande **obstáculo** para que o conhecimento flua e possa **contribuir com a maioria.***

O desejo da certeza gera grandes incertezas. Pois tudo o que é dual, quando em seus extremos, causa desequilíbrios.

Temos que aprender a conviver com o movimento que impulsiona e gera mudanças, como em um bailar marcado pelo ritmo das mudanças sem oferecer resistências desnecessárias. Deixando-nos levar pela força natural da evolução, assim como fazem os pássaros e os peixes que percorrem longos espaços, aproveitando-se das correntes de ar e de água sem perder, no entanto, o rumo que desejam. Na natureza isso acontece porque os seres estão entregues, seguem suas metas e objetivos, sem preocupações com certezas e incertezas. Simplesmente aproveitam as forças da natureza que os favorecem, sentem-se seguros com o próprio movimento, pois nele estão inseridos. São parte e não oponentes.

Nós, seres humanos, pelo desejo constante de controle, criamos mais obstáculos do que passagens. Vale frisar que não estou aqui pregando a inércia nem a aceitação de tudo sem procurar entender, mas sim a ação sem confrontos desnecessários.

Precisamos como raça humana, detentora da capacidade de pensar e criar, exercer essa tarefa sem o desejo de controle. Certezas absolutas não existem. Quando são pregadas na maioria das vezes, são uma invenção de quem não tem certeza alguma.

3. Crença do prazo de validade

A cultura do obsoletismo instalada para impulsionar o consumo não fica restrita às coisas. Há muito esse conceito passou a ser incorporado para definir quando uma pessoa deixa de ser capaz de criar, de contribuir para manter o sistema econômico em pleno funcionamento. Passamos a acreditar que a partir de certa idade já estávamos ultrapassados. Como tratar esse preconceito com a Geração 3000, que chega com uma visão mais ampla e habilidades diferenciadas, em um mundo onde ainda prevalece muito do que foi determinado por culturas e modelos de sociedades tão distantes?

Passamos a acreditar que a partir de ***certa idade*** *já estávamos* ***ultrapassados****.*

A ideia do obsoletismo, que foi implantada há milênios, sempre contou com interesses econômicos adaptados a cada época pelas suas necessidades. Podemos citar vários exemplos, mas vou me ater a um que mexe com o inconsciente de toda a humanidade até os dias de hoje. A idade para casar imposta para as mulheres, onde a expressão “ficar para a titia” passou a ser usada, e de forma bastante pejorativa, especialmente na era agrícola, se estendendo até o início da era industrial, devido à necessidade de mão de obra, que estimulava a existência de famílias numerosas e que preferencialmente os nascidos fossem do sexo masculino.

Considerando que as mulheres contam fisicamente com uma janela procriativa, se casavam muito jovens para ter tempo para gerar o maior número possível de filhos. Portanto, quando chegavam aos 20 anos aproximadamente, já eram consideradas velhas para se casar. Perdiam o prazo de validade para a função da procriação.

Essa crença se manteve por muitos anos, e a ela foram aderidos outros tantos preconceitos e padrões que serviram e servem apenas para rotular, como é o caso dos padrões de beleza. A crença de que é deselegante perguntar a idade principalmente para as mulheres, como se fosse algo feio que devesse ser ocultado e, se revelado, constitui um desrespeito.

O conceito do obsoletismo ganhou novo reforço com a revolução tecnológica, renomeando os conceitos. Classificou as pessoas em nativos digitais e analógicos. Embora essa classificação aparentemente sirva apenas para explicar o porquê das dificuldades que os mais velhos apresentam em lidar com os sistemas e equipamentos, ela corroborou com a ideia de que essas pessoas dificultam os processos produtivos, de que ao longo do tempo perderam a capacidade de aprender e que nunca serão capazes de lidar tão bem quanto os jovens com essa nova realidade. Essa ideia criou um verdadeiro abismo entre as gerações. Com a velocidade cada vez maior com que novos modelos e versões de equipamentos, *softwares* e funcionalidades são criados, as diferenças que antes verificávamos com um distanciamento de tempo maior agora podem ser percebidas entre gerações separadas por poucos anos.

Quando colocadas em um mesmo ambiente, fica evidente essa dificuldade. Porém a explicação dada é apenas a de que os mais jovens têm essa facilidade porque quando nasceram a tecnologia já fazia parte da rotina de todos, enquanto os mais velhos que chegaram antes não foram treinados desde pequenos para lidar com equipamentos mais inteligentes do que eles.

Apesar da teoria da plasticidade cerebral já ter sido difundida, ainda há os que não acreditam que, de fato, todos conseguem continuar aprendendo independentemente da idade. Criou-se a ideia de um modelo de aprendizado padrão para lidar com as tecnologias, onde qualquer outra forma de aprender ou de lidar com uma mesma situação não é válida.

Todos, independentemente da idade, têm o potencial para continuar aprendendo, mas isso não ocorre de forma padrão, na mesma proporção e velocidade para todos. Primeiro porque não somos todos iguais. Quando se trata de seres vivos, cada um é um, é único em qualquer época e a qualquer geração que pertença. Nesse ponto, criamos outra dualidade. Ao mesmo tempo que queremos ser especiais, únicos, quando nos convém, colocamos todos no mesmo padrão. Usamos de uma parte da informação para ditar comportamentos e gerar discriminações. Nós nos esquecemos que as diferenças são o fator que impulsiona a evolução e gera inovação. Na onda das contradições, estimulamos, enaltecemos o que é novo e continuamos criando padrões para enquadrar a maioria. Mas como inovar sem ter a liberdade de ser diferente? Por que apenas o que surgiu por último é digno da nossa atenção, se tudo independentemente da época precisou de uma base para se tornar realidade?

Os preconceitos e as diferentes formas de discriminações são frutos da ideia da existência de um padrão ou de um modelo que deve ser aceito em detrimento dos demais. No que se refere à idade, temos o idadismo, termo pouco conhecido, mas que é o preconceito baseado na idade, que discrimina as pessoas vistas como idosas e corrobora para a sua marginalização e eventual exclusão social.

> São muitos os paradigmas a serem quebrados para que possamos como raça humana conviver de forma mais harmônica. Mas como fazer isso se temos tanta dificuldade para lidar com o novo, com o desconhecido?

Estamos diante de um grande desafio: exercer a aceitação abandonando a necessidade de controle. A Geração 3000 é uma realidade, está entre nós e é parte de nós. São nossos filhos, netos, sobrinhos, irmãos, alunos, colegas de trabalho e chefes. Em se tratando das organizações, eles já se encontram tanto em posições de comando, como de comandados.

Faz-se necessário que nos tornemos mais abertos ao novo, e menos vulneráveis ao modismo. Aceitamos facilmente as novidades, o que nos é trazido como tendências de moda, conceitos criados pelo marketing para vender mais. Mas, quando se trata de olhar para uma atitude muitas vezes desesperada de uma criança, preferimos agir como sempre agimos. Nesse campo não permitimos muitas inovações. Faz-se necessário que passemos a usar a nossa capacidade inata de humanos, no seu verdadeiro sentido - a inteligência - capacidade de escolher dentre. Mas para que possamos desenvolver essa habilidade, antes precisamos redescobrir os verdadeiros valores humanos há tanto distorcidos. Virtude e sabedoria, que segundo Aristóteles: é a capacidade do homem de fazer o bem. O que significa que atitudes egoístas, pretensiosas e preconceituosas, que buscam tão somente o controle e o poder, não se enquadram nesse conceito, e as escolhas baseadas nessas atitudes, por si só, são equivocadas.

*É **urgente** a necessidade de nos esforçarmos para **mudar** os nossos **padrões** e aprender a viver e conviver com o diferente.*

O salto evolutivo que a raça humana está experimentando a partir da Geração 3000 e/ou devido a ela é um fato que não podemos mais ignorar. É urgente a necessidade de nos esforçarmos para mudar os nossos padrões e aprender a viver e conviver com o diferente. Mais ainda, encontrar as semelhanças e os pontos de conexão que fazem a ligação com o já existente, para que o todo se torne harmônico e funcional. Prazo de validade é um parâmetro para coisas e situações, não para a existência humana e a manifestação da vida como um todo.

A LIDERANÇA E A AUSÊNCIA DE CERTEZAS

A autoridade posta à prova

Como liderar com a ausência de certezas se ao líder é solicitado que dê quase todas as respostas?

O papel de liderança sempre foi revestido de autoridade como uma salvaguarda para as suas ações de comando.

A liderança em todos os níveis era um papel do qual se esperava que tivesse a última palavra. Porém isso hoje não é mais uma realidade, muito menos uma atitude que devemos esperar de uma verdadeira liderança. A afirmação "porque sou o chefe" não é mais suficiente.

Esses novos seres ***não se contentam*** *com a* ***falta de respostas.***

Ao assistir um vídeo no YouTube, ouvi o relato de uma pessoa que presenciou uma discussão entre uma mãe e uma criança, onde a criança contestava a mãe, e esta, como última tentativa de se manter no comando da situação, asseverou:

— Cala a boca! – disse a mãe...

— Por quê? – a criança questionou.

— Porque estou mandando!

— Por quê?

— Porque sou sua mãe!

— Mas isso não é suficiente! – concluiu a criança.

A resposta dessa criança é uma demonstração clara de que a famosa autoridade concedida pelo posto não é mais suficiente. Que esses novos seres não se contentam com a falta de respostas, muito menos com respostas que tentem lhes fazer parar de buscar o que querem saber. A liderança de hoje não precisa mais temer em dizer que não sabe e também não pode temer o saber do outro. O famoso medo de sombras só ataca os inseguros e egoístas. A insegurança pode ser fruto da incerteza, que só é combatida com a busca de conhecimento, de saberes. Se o saber está no outro, ele vai iluminar, e não fazer sombra. Acreditar que só o líder pode ser o detentor do saber é um grande equívoco que pode trazer grandes prejuízos para si e para a organização.

> Precisamos aprender a aprender juntos. O líder de hoje deve estar aberto ao novo, a usar as dúvidas como ferramentas de inovação e criação.

O líder não tem certeza de tudo. Na verdade, nunca teve, mas o cargo o fazia parecer que tinha. O seu ponto de vista é apenas a visão do ponto de onde ele está. A liderança requer que tenhamos múltiplos olhares. Quando você admite que não sabe, mas busca esse saber com o outro, está abrindo novas possibilidades de encontrar a resposta mais adequada para a demanda que se apresentou.

Esse é o grande salto na postura do líder. O líder não é alguém que manda, mas sim alguém que comanda, de co + mandar, de mandar junto, de articular saberes com propósito.

O líder deste século precisa ter mobilidade de ideias. Porém com firmeza de propósito. São muitas as possibilidades para se chegar ao mesmo fim, desde que esse fim tenha um propósito claro, ele é capaz de orientar as melhores escolhas.

Lembre-se! O cargo por si só não é mais suficiente. As certezas podem ser construídas e compartilhadas por todos.

CAPÍTULO 04

Geração 3000 e as organizações

A Geração 3000, com suas diferenças e atitudes incomuns, tem provocado desconforto e até, por que não dizer, um certo medo. Ter uma resposta dentro do universo conhecido é a primeira coisa que se busca.

As organizações em geral têm regras e preceitos que as ajudam a manter a ordem e o equilíbrio. Seguem leis e normas que lhes garantem a legalidade do funcionamento e justificam as suas ações. Porém todo esse arsenal teórico, filosófico e técnico necessita ser revisto constantemente e com periodicidades cada vez menores. A já difícil tarefa de atualização se torna, por vezes, quase inalcançável. Pois o tempo que necessitam para rever e criar novas estruturas, usando métodos já conhecidos, que contem com a aprovação dos diversos atores envolvidos, quando concluídas para servir de base, já estão ultrapassadas.

A busca constante pela estabilidade, o desejo do domínio, a certeza de lidar com o conhecido que nos coloca em posição mais confortável, sem tantos sobressaltos, é uma procura que intensifica o sentimento de insegurança. Leva a um estado quase de incapacidade, nos mantendo em alerta, gera sofrimento, produz ansiedade, adoecendo as organizações, quase como se fosse um vírus transmissível que afeta todos os níveis, da administração à operação.

Tudo isso tem sido entendido como um processo motivado por fatores externos e puramente mecânicos, advindo das estruturas tecnológicas que surgem a todo tempo, trazendo novas necessidades e exigindo respostas cada vez mais rápidas.

O olhar para este novo mundo é quase sempre sob o ponto de vista do material e quase nunca do humano. Temos tecnologias do século XXI, criadas por cérebros do século XXII, sendo usadas por pessoas do século XX com mentalidade do século XIX.

Só isso já seria suficiente para explicar o caos vivido por muitas instituições.

Este contexto é formado, como já tratado aqui nos capítulos anteriores, por seres que foram pegos de sobressalto, como em uma avalanche de coisas cujo mecanismo fez mudar tudo o que conheciam e que achavam impossível ser feito de forma diferente em um tempo tão curto. Não tiveram tempo sequer de perceber quando exatamente foram atingidos. Quando viram, estavam imersos sem a possibilidade de reagir, embriagados, como se tivessem inalado uma substância ao mesmo tempo alucinógena e anestésica, e que cria dependência.

Analogicamente falando: criou-se a dependência tecnológica sem a possibilidade de tratamento. É como se fosse uma substância que veio para curar um tipo de doença e dar qualidade de vida, mas se esqueceram de prever os efeitos colaterais.

O sonho de ter uma vida mais fácil, sem tanto esforço físico, foi frustrado pelas novas exigências. Exigências essas que geram fadiga e confusão mental. No mundo em que vivemos hoje, somos cobrados a nos adaptar ao novo sem que tenhamos escolha, pois tudo está transformado sem a possibilidade de volta. As novas tecnologias estão impregnadas até no ar que respiramos, na água que bebemos, nos alimentos que consumimos e em tudo mais que faz parte da nossa existência e subsistência, sem contar que seguem nossos passos, nos direcionam e cobram o exercício de novas habilidades, bem como a execução adequada de algo desconhecido, que sequer ainda se sabe bem qual seria a forma ideal de uso.

*O **sonho** de ter uma vida mais fácil, sem tanto esforço físico, foi **frustrado** pelas **novas exigências**. Exigências essas que geram fadiga e confusão mental.*

O fato de terem que coexistir nos mesmos ambientes, seres de diversas gerações que claramente possuem habilidades diferentes, inclusive para ver e interpretar o mundo que os cerca, tem gerado muitos questionamentos, para os quais ainda não se têm respostas.

1. Na família

A Geração 3000, com suas diferenças e atitudes incomuns, tem provocado desconforto e até, por que não dizer, um certo medo. Ter uma resposta dentro do universo conhecido é a primeira coisa que se busca. A começar pela família, primeira instituição onde qualquer ser que chega a este planeta é inserido.

É na família que se sente os primeiros efeitos deste novo momento. Nos lares, os pais se veem perdidos diante do que oferecer aos filhos, qual atitude tomar diante de comportamentos, ações e habilidades que não fizeram parte das suas histórias de vida. Pois a maioria, quando criança, não apenas porque ainda não existia a maior parte do que chamamos de modernidades, não tinha a mesma percepção das coisas que a cercava, como passaram a ter os novos meninos e meninas nascidos nos últimos anos.

As estruturas familiares mudaram. Temos diversas composições que há trinta anos não eram reconhecidas. A ideia de que a família deveria necessariamente ser formada inicialmente por um homem e uma mulher – dos quais advinha a prole, e que esses deveriam ser os responsáveis pela educação e sustento dos seus – hoje não é mais uma regra.

A diversidade de composições familiares, em especial as que têm como provedores os avós, é um fato constatado em todas as classes sociais. São ambientes que favorecem uma multiplicidade de fatores que acabam por influenciar o crescimento e desenvolvimento dos mais jovens, que crescem no meio de ideias vindas de seres de diferentes épocas, que têm que conviver em um mesmo ambiente. O fato de que o tempo que separa uma geração da outra – que chega com características cada vez mais distintas – se torna cada vez menor faz com que essa diversidade fique ainda maior dentro de uma mesma família. Podemos encontrar, em um mesmo lar, bisavós, avós, pais/mães e filhos de diferentes idades. São seres nascidos em épocas muito distintas, cada um com um modo de ver e interpretar o mundo. As lacunas se tornam mais visíveis. A Geração 3000 tem que conviver desde cedo com um ambiente altamente heterogêneo. Isso deveria ser um fator positivo, porém é mais comum que se estabeleça um ambiente de desrespeito e não de crescimento e aprendizagem.

*A Geração 3000 tem que conviver desde cedo com um **ambiente altamente heterogêneo**.*

Os mais velhos, que ainda acreditam que deveriam ter autoridade, tentam exercê-la da forma que aprenderam e que consideram como certa. Os mais jovens que, por natureza, não aceitam mais a simples autoridade derivada do posto, seja ele de pai, mãe ou de outro que entenda que o fato de prover financeira e materialmente a família, ou porque é mais velho, possa lhe conceder. Tornando um contínuo agir e reagir, impedindo que se construa uma relação saudável.

Mas o que mais nos chama atenção é o fato de os pais, avós e cuidadores, de um modo geral, não conseguirem lidar com o comportamento dos mais jovens. Pois são comportamentos que vão desde a rotina de sono de um recém-nascido, os seus gostos alimentares apresentados logo que cresce, à sensibilidade física, como, por exemplo, à luz, aos ruídos, ao toque, confundidos com anomalias ou, como dito por muitos, mera "frescura", manha.

Nesse momento, começam as tentativas para enquadrar no padrão conhecido usando os conhecimentos já estruturados. Aqui cabe lembrar o que a Dra. Marcia de Carvalho Soares escreveu: que quando está com essas crianças, percebe que está diante de características que ainda não foram estudadas nos tratados médicos pelos quais se graduou. Novamente, a crença de que o que não é cientificamente comprovado não pode ser aceito. É nessa fase que esses seres começam a enfrentar os desafios de serem diferentes.

A família, como a primeira instituição social, da qual depende a base da educação de toda a população, encontra-se sem referências, devido às profundas mudanças ocorridas nas suas estruturas conceitualmente aceitas. As bases morais que definiam o que seria uma família desapareceu. E, mesmo que os novos modelos de família não choquem mais, parece haver um vácuo no que tange à autoridade.

Os papéis tão bem definidos há décadas se perderam por vários fatores. Um deles foi a ascensão da mulher no mercado de trabalho, passando do papel exclusivo de cuidadora para provedora. Nesse contexto, o papel do homem, mesmo nas famílias que mantêm uma estrutura tradicional, muitas vezes também é afetado. Já evoluímos muito nesse aspecto, mas em muitas famílias esse ponto de equilíbrio ainda não se restabeleceu. Outro fator foi o divórcio, que trouxe a possibilidade de uma pessoa ter vários casamentos. Os filhos nascidos desses relacionamentos acabam por conviver com figuras que nem sempre são seus pais biológicos. A figura do padrasto e da madrasta se tornaram comuns, porém nem sempre os laços afetivos são estabelecidos de forma saudável. E, por último, o crescimento de famílias formadas por pessoas do mesmo sexo, que ainda é bastante novo, e a sociedade ainda enfrenta dificuldades de aceitação, o que torna o papel desses pais e mães ainda mais desafiador.

Associado a tudo isso, temos o comportamento e a inteligência das crianças e jovens de hoje, que não reconhecem a autoridade que vem de um simples posto de pai, mãe, professor ou chefe.

É importante dizer que não se trata de esvaziar a autoridade, mas sim de reconstruir bases para que ela possa ser restabelecida. Não vejo outro caminho que não seja pelo resgate dos valores de respeito, cooperação e amor em todos os ambientes e estruturas sociais, únicos capazes de garantir que as mudanças, sobre as quais não temos domínio, possam encontrar espaço para produzirem bons resultados.

2. A escola

Quando chegam à idade escolar e vão para mais uma das instituições que têm um papel fundamental em suas vidas, encontram uma estrutura incapaz de compreender um novo ser com diferenças profundas nos padrões neurológicos e psicoemocionais, em comparação com o que estava acostumada a lidar. As ferramentas educacionais estão aquém da capacidade de aprendizado que apresentam. Mas, por serem tão diferentes e desconhecidos, torna-se mais fácil culpá-los do que entendê-los. Muitos rótulos surgem para defini-los. Inquietos, mal-educados, desatentos, hiperativos etc.

As instituições de ensino como um todo, desde as que se ocupam da educação fundamental às universidades, estão diante de um desafio de proporções gigantescas, e acredito que ainda não têm a real noção.

As instituições de ensino, em especial as públicas em nosso país, contam com professores mal preparados, inclusive para o que já era o padrão. Quando se fala em melhoria do ensino, tudo o que se ouve é a necessidade de equipar as escolas com novas tecnologias, como se somente elas fossem suficientes para dar respostas a mentes diferenciadas como as das crianças e jovens de hoje.

Entendemos que as ferramentas tecnológicas são fundamentais, pois o mundo que espera por essas gerações é tomado por elas, e que não há como prescindir da sua presença no âmbito da educação.

*As **ferramentas educacionais** estão **aquém** da **capacidade** de **aprendizado** que apresentam.*

Porém a educação em nosso país é mais um instrumento político partidário que serve de moeda de troca no mundo das influências e ganhos individuais, ou de grupos distintos que buscam prestígio e privilégios para se manterem no poder. As decisões são tomadas na sua maioria por pessoas que assumem cargos de comando para demonstrar poder, fruto de alguma negociação baseada em interesses outros que não a educação em si. Podemos dizer que é uma sorte quando esses atores assumem os seus papéis sem causar danos às estruturas educacionais, as quais foram designados a gerir.

Muitos dos que procuram criar uma nova forma de educar facilmente são tolhidos e substituídos por interesses que nada têm a ver com o processo de ensino e aprendizado.

A educação há muito vem gritando por mudanças. Com a chegada de seres que, com a sua simples presença, exigem uma nova escola, cabe uma reflexão: até quando irão resistir e não aceitar que não dá mais para esperar? Que a postura do Estado e dos educadores precisa mudar radicalmente? Que o futuro do qual tanto se fala e que tememos pelo que pode vir, e sobre o qual não temos controle, depende do preparo adequado desses novos seres humanos? Mas que tipo de preparo pensamos que estamos proporcionando com as estruturas e os interesses vigentes no momento?

3. O trabalho

O trabalho é uma instituição social para o qual as pessoas são preparadas em todas as sociedades, independentemente da ideologia, por ser o caminho para se conseguir a subsistência.

É uma instituição formada por um conjunto de normas e regras próprias. Para as quais se espera que o indivíduo desempenhe papéis os mais diversos, fazendo com que a sociedade funcione.

*O **conceito** que **define** o ato de **trabalhar** também **mudou**, mas **ainda** é facilmente **interpretado** como **castigo.***

Desde que se tem conhecimento, o ato de trabalhar, em especial o de realizar tarefas que dependiam de esforço físico, era função daqueles seres vistos como inferiores. Escravos e súditos. Como tudo, o conceito que define o ato de trabalhar também mudou, mas ainda é facilmente interpretado como castigo ou mal necessário.

Com a chegada em número cada vez maior de seres humanos que estão compondo essa nova geração que eu chamo de Geração 3000, que, como já descrevemos, apresenta comportamentos bem diferenciados, as relações no ambiente de trabalho tendem a mudar radicalmente.

Ainda presenciamos muitos conflitos no já tumultuado e questionado ambiente de trabalho, onde o desempenho de tarefas é facilmente envolvido por redes de interesses, ambições, rivalidades, motivados por questões de poder, pois a tônica da competitividade impera como sendo saudável.

Como encaixar esses novos seres humanos, que têm no trabalho coletivo e na cooperação o seu maior valor?

4. A igreja

As igrejas ao longo da história da humanidade sempre andaram par a par com o poder, já que o que escapava ao domínio do homem passava a ser controlado pelo domínio divino, por meio da ideia de pecado, de céu e inferno, entre outros mecanismos que têm a culpa como a sua maior ferramenta.

Ainda hoje, continua sendo evocado o chamado poder divino para obter o que se deseja. Não com súplicas, mas como ferramenta de conquista das mentes crédulas que, ao ouvirem determinadas citações, passam a aceitar mais facilmente as ideias vindas de quem as pronunciou.

O termo homem temente a Deus ainda vale como indicativo de um ser correto e ético. Com a certeza de que a humanidade cada vez mais fragilizada vai buscar conforto na fé. Muitas instituições religiosas se aproveitam dessa fragilidade para tornar essa instituição um dos negócios mais rentáveis da atualidade.

A Geração 3000, formada por esses novos seres humanos que estão povoando o planeta e que estão chegando com uma consciência mais apurada, não aceita uma palavra como suficiente para convencê-la a seguir ou fazer as coisas. Como fica a posição dessas instituições que sempre foram tidas como necessárias para o equilíbrio social?

Prevejo que não há muitas saídas. Ou elas se reinventam a ponto de correrem o risco de se descaracterizarem, ou estão fadas a desaparecer.

5. O Estado

É considerado a mais complexa instituição social. Ele depende das anteriores, em especial da família e da escola. E tem na igreja uma aliada para ajudar no cumprimento das regras e das normas por ele estabelecidas, que são regidas por um corpo de leis.

A sociedade tem a tendência quase que natural de tentar colocar as coisas no patamar da dualidade certo ou errado. E quando se vê sem saber como e o que fazer diante do desconhecido, começam a surgir as especulações, criam-se as chamadas leis morais que evocam a necessidade de estabelecimento de padrões que ofereçam algum tipo de segurança, mesmo que simbólica, o importante é sentir que existe algum tipo de controle.

Nesse campo, vemos a interferência nos currículos escolares, onde cada grupo que ascende ao poder se vê no direito de introduzir temas que corroborem com as suas ideias ou mesmo suprimir aquilo que acredita que pode ferir as teorias usadas como plataforma eleitoral.

Leis são criadas para dar respostas à falta de cumprimento de outras já existentes. Não há uma coerência na busca do aprimoramento do Direito. Cada um usa e interpreta à luz dos seus interesses ou dos interesses daqueles a quem representa ou está a serviço.

Diante de mentes mais aguçadas como as que compõem a Geração 3000, que tipo de postura o Estado terá que adotar?

Será que vai ter a sensibilidade de contribuir para que tenhamos uma sociedade capaz de incorporar de forma harmônica esses novos seres humanos ou vamos nos ocupar, enquanto pudermos, em tolher as suas iniciativas e o seu jeito de ser e de fazer?

6. As lideranças atuais

Quando descrevemos as estruturas das principais instituições que permeiam a sociedade, vemos que o desafio é gigantesco para nos adequarmos a essa nova ou novas gerações. Pois, pelo que parece, essa evolução não cessou e nem diminuiu sua velocidade, e vai continuar apresentando novas facetas ainda por muito tempo.

As consequências do que já existe serão potencializadas e ainda irão emergir com muito mais intensidade. Pois as mudanças que estamos assistindo no início deste século não têm precedentes e não vão parar por aí. As lideranças em qualquer nível, seja em âmbito mundial ou mesmo uma pequena equipe, sempre necessitaram estar atentas às mudanças. Só que agora não é mais só uma questão de atenção. Precisamos começar a agir com humildade, consciência e dedicação.

*As **lideranças** em qualquer nível, seja em âmbito mundial ou mesmo uma pequena equipe, sempre **necessitaram** estar **atentas** às **mudanças**. Só que **agora não** é **mais só** uma questão de **atenção**.*

Estudos nas mais diferentes áreas, como: educação, psicologia, biologia, neurociência, apontam um salto na evolução da raça humana nunca antes observado em um espaço de tempo tão curto. As gerações, em especial as das últimas duas décadas, apresentam mudanças fisiológicas, psicoemocionais e neurológicas que lhes conferem características especialmente diferenciadas. O que tem se constituído um desafio para todas as áreas, que se veem sem preparo para lidar com seres de comportamento e inteligência incomuns.

Essa geração apresenta: capacidade autodidata, com alto desenvolvimento psicoemocional; alta sensibilidade, tanto física (cinco sentidos), como também emocional, social, ético e espiritual; inteligência emocional supradesenvolvida. O que lhe proporciona velocidade de entendimento e assimilação dos conhecimentos; utilização extensa do hemisfério cerebral direito, que lhe permite a capacidade de aprendizagem visual, criatividade, imaginação, independência, persistência, entre outras.

Essas são algumas das características desses seres que constituem o que já podemos chamar de nova raça humana – a Geração 3000. Se as diferentes áreas do saber e da ciência estão questionando seus conhecimentos e métodos que não respondem a esses seres humanos, como devem ser os modelos de gestão, produção e liderança que já estão recebendo essa geração nos ambientes de trabalho?

Como conciliar comportamentos entre gerações? Pois esse não é mais um fato sutil onde, de alguma forma, fazia-se encaixar no modelo. Com essa geração não é mais possível.

Buscar entender esse NOVO SER humano é fundamental para a manutenção e a continuidade bem-sucedida de qualquer negócio ou organização.

O líder da atualidade deve estar consciente da nova realidade que está à sua frente.

Como ***conciliar comportamentos entre gerações****? Pois esse não é mais um* ***fato sutil*** *onde, de alguma forma,* ***fazia****-se* ***encaixar*** *no* ***modelo****.*

CAPÍTULO 05

A educação do novo ser humano

A educação é assunto que, assim como a saúde, aparece como preocupação em todos os pontos do planeta. Por meio dela, o desenvolvimento do ser humano é pensado e planejado em cada época e país.

O que está acontecendo com as crianças de hoje?

Estamos testemunhando uma simples lacuna de gerações ou há algo mais acontecendo?

Por que tantas crianças nascem ao mesmo tempo tão diferentes em seus comportamentos e em seu jeito de ser, em todos os países do mundo, em todos os setores socioeconômicos, em todas as culturas?

Por que sua maneira de aprender é tão diferente?

O que essas mudanças significam para a sociedade futura?

O que isso significa para os adultos de hoje? E para a humanidade como um todo?

Todos esses questionamentos estão no livro *Pedagogia 3000*, e eu fiz questão de trazer aqui, assim como a fala do professor George Kühlewind, citada nesse mesmo livro, onde ele diz:

> *Por cerca de vinte anos, mais e mais crianças têm nascido que, em seu ser e comportamento, se separam daqueles a quem os pais e educadores estão acostumados. Uma nova geração e almas vêm à Terra... crianças que trazem grande maturidade, que são descontentes com o mundo adulto e que, com um poderoso impulso espiritual, querem transformar este mundo. Este é o evento mais importante dos tempos atuais.*
> *(PAYMAL, 2008)*

Como falar da educação de um NOVO SER, de um humano tão diferente, se a maioria de nós sequer tem consciência de quem ele de fato é ou existe?

Se a maioria de nós continua acreditando que pode agir como agiram nossos pais para conosco?

Que criança é tudo igual?

Será que essa fala conhecida de muitos, de que criança é um livro em branco, cujas páginas devem ser preenchidas, ainda é válida?

A educação é e sempre foi o caminho para as transformações de uma sociedade. Pois seus resultados dependem tanto do que se ensina quanto do como se ensina e para que se ensina. É por meio da educação que se garante ou não a sustentação, a reprodução e transmissão das diferentes manifestações culturais de cada grupo social ou cultural. Essa estrutura depende do quanto um governo, por meio dos seus sistemas educacionais, pretende com ele.

A educação é assunto que, assim como a saúde, aparece como preocupação em todos os pontos do planeta. Pois é por meio dela que o desenvolvimento do ser humano é pensado e planejado em cada época e em cada país.

A educação sofre de forma explícita as influências ideológicas daqueles que ascendem ao poder nos países e passam a ditar as regras do que acreditam ser o melhor, o mais correto. Ou o que eles acreditam que vai lhes trazer maior capacidade de controle sobre a população.

Porém, a despeito de todos os esforços no que podemos chamar de tentativa de controle, há algo com que não contávamos. Há algumas décadas, o mundo inteiro tem testemunhado a chegada do que tem sido chamada de uma onda de seres humanos, cujas características são tão diferentes das gerações passadas, que têm sido classificadas, entre outras denominações, como estranhas. Meninos e meninas com tendências psíquicas muito marcantes, que têm chamado a atenção de estudiosos de diferentes áreas, mas algo pouco divulgado.

Há algumas décadas, o mundo inteiro tem testemunhado a ***chegada*** *do que tem sido chamada de uma* ***onda*** *de* ***seres humanos****, cujas* ***características*** *são tão* ***diferentes*** *das* ***gerações passadas****.*

Há relatos na China, Romênia e Estados Unidos. Universidades de vários países começaram a se preocupar com o que chamam de problema, pois é assim que o diferente normalmente é tratado antes que se conheça e passe a ser aceito.

> *Em 1983, o Presidente do Instituto da Creática, por ocasião de um curso-workshop sobre desenvolvimento da inteligência, solicitado pelo governo da China Popular, ouviu falar na universidade de certas crianças superpsíquicas e aprendeu sobre a incrível habilidade daquelas crianças que, sem treinamento prévio, captavam os pensamentos dos outros, liam a página de um livro fechado, moviam uma bola no ar com a energia projetada e, acima de tudo, apresentavam uma maturidade até então inconcebível pelos cânones normais da evolução psíquica.*
>
> *(PAYMAL, 2008)*

É para esses seres humanos que precisamos pensar uma nova educação. Mas como fazer, se contamos com estruturas educacionais retrógradas, despreparadas não apenas no que se refere às ferramentas tecnológicas, mas especialmente no diz respeito aos currículos pedagógicos? Currículos esses que já são considerados ultrapassados, mesmo quando pensados para crianças e jovens, com estruturas neurofisiológicas já descritas e estudadas pela ciência. O que dizer dessa estrutura educacional diante desses novos seres humanos?

O SUCATEAMENTO DO ENSINO. DO CONHECIMENTO ÀS CONDIÇÕES FÍSICAS, TECNOLÓGICAS E MATERIAIS

*A cada geração, os seres humanos que **nascem** trazem consigo **capacidades distintas**, percepções diferentes e, consequentemente, **necessidades diferentes**. Não é de se admirar que a educação há muito se tornou desconexa. Como será diante dessa nova geração que apresenta um salto evolutivo maior que as anteriores?*

A ONU, Organização das Nações Unidas, em um esforço global tem tentado garantir, através de um plano de ação para as pessoas, o planeta e a prosperidade, que tem como objetivo central fortalecer a paz universal. O documento intitulado de agenda 2030, é composto por 17 objetivos de desenvolvimento sustentável e 169 metas, que visam erradicar a pobreza e promover vida digna para todos em todo o planeta.

O objetivo de número 4 trata da educação de qualidade.

> *Assegurar a educação inclusiva e equitativa de qualidade e promover oportunidade de aprendizagem ao longo da vida para todos.*

As metas traçadas e que devem ser cumpridas até 2030, para que esse objetivo possa ser alcançado, demonstram claramente quão despreparados estamos para lidar com uma geração de seres humanos com capacidades antes nunca vistas, que surgem independentemente da posição geográfica ou da realidade socioeconômica em que se encontram os seus progenitores.

Entre as metas a serem alcançadas até 2030 estão:

- Aumentar substancialmente o contingente de professores qualificados;

- Construir melhores instalações físicas para a educação, apropriadas para crianças e sensíveis às deficiências e ao gênero. Para garantir ambientes seguros, não violentos, inclusivos e eficazes para todos;

- Garantir que todos os jovens e uma substancial proporção dos adultos, homens e mulheres, estejam alfabetizados e tenham adquirido conhecimento básico de matemática.

No total, são dez as metas relacionadas à educação, para que em 2030 possamos ter o mínimo nessa área. Apenas analisando as três aqui citadas, percebemos o sucateamento do ensino em todos os seus recursos, desde o físico e material, até o humano. Falta estrutura física adequada, faltam matérias e ferramentas didático-pedagógicas, faltam recursos humanos qualificados e, o pior, faltam modelos educacionais que garantam uma educação verdadeiramente transformadora. A base da pedagogia tradicional vem dos métodos de ensino dos séculos XVI e XVII. Podemos citar o *Ratio Educatorium* dos Jesuítas de 1599 e a Didática Magna de 1649, cujos fundamentos ainda influenciam a educação nos dias atuais.

A cada geração, os seres humanos que nascem trazem consigo capacidades distintas, percepções diferentes e, consequentemente, necessidades diferentes. Não é de se admirar que a educação há muito se tornou desconexa. Como será diante dessa nova geração que apresenta um salto evolutivo maior que as anteriores?

Por maiores que possam ser os avanços que o alcance dessas metas previstas pela ONU possa representar quantitativamente, se comparado ao que temos hoje, continuaremos distantes de garantir uma educação capaz de acolher e desenvolver um processo educativo minimamente adequado para esses novos seres humanos.

Em um mundo onde continuamos diferenciando por etnia, cor, sexo, no qual se rotula e estigmatiza tudo o que é diferente, que modelo de educação deveríamos ter que fosse capaz de impulsionar a humanidade a dar um salto qualitativo sem tantos desgastes e sofrimento? Se ainda estamos na fase de suprir quantitativamente e materialmente as estruturas educacionais e pouco se fala de qualitativo. Ou, quando se fala, continua sendo dentro de um padrão que serve mais para o que podemos chamar de enquadramento dos seres no modelo socioeconômico existente, cujas estruturas estão a ruir.

Sim. Porque toda a educação é pautada por um modelo mercantilista e competitivo. Prepara as crianças e jovens para serem capazes de competir no mercado de trabalho, seja como funcionários ou como empreendedores.

Estamos em um mundo onde nos movemos para criar e satisfazer desejos. Basta vermos que os estudos mais difundidos sobre as gerações surgem dos profissionais de marketing e raramente de educadores. Estão a serviço da manutenção das economias estruturadas a partir do estímulo cada vez maior do consumo. Esses profissionais, que analisam, classificam e rotulam, pelo comportamento, tentam adequar as ofertas. Ou seja, encontrar a forma mais adequada para criar desejos que se enquadrem no perfil comportamental das pessoas de cada época. As estruturas sociais se movem pelo consenso criado para fazer com que o outro precise de alguma coisa, que ele sinta desejo por algo que, se não fosse estimulado, viveria sem.

E a educação, que é um bem raro, e que deveria preparar para a felicidade por meio da construção de um caráter solidário, voltado para o bem comum, é a primeira a ter como regra o comparativo e a competição como ferramentas de estímulo. O resultado não pode ser outro, que não a exclusão e o aumento da desigualdade.

Estímulos como: só existe um primeiro lugar e ele deve ser seu. Esse é o desejo criado, que pode representar a vitória e a derrota. Onde a maioria fica com a derrota. Afinal, o pódio só tem lugar para três e, mesmo assim, aqueles que ficam em segundo ou terceiro lugar continuam se sentido perdedores, porque o lugar desejado é sempre o alto do pódio. A criança é estimulada desde pequena, para tirar boas notas para competir por uma vaga no vestibular, ou para provar para os seus pais que é capaz. Não educamos para o equilíbrio e vivemos nos perguntando o porquê de tantos desequilíbrios.

Definitivamente não temos uma educação minimamente preparada para atender às necessidades e anseios desses novos seres que compõem a Geração 3000. Os esforços da ONU para esse setor, embora carregados de boas intenções, do desejo de melhorar o planeta e a vida dos seres que nela habitam, me parecem estar indicando caminhos que infelizmente não levarão ao fim declarado.

Não educamos para o equilíbrio e ***vivemos*** *nos* ***perguntando*** *o* ***porquê*** *de tantos* ***desequilíbrios****.*

Se quisermos chegar de fato a um lugar onde todos sejam contemplados com uma vida mais digna, que promova a paz e a prosperidade, com resultados verdadeiramente transformadores no campo da igualdade, precisamos de um modelo de educação que ensine ao ser humano o valor da vida e não das coisas. Que estimule a cooperação e não a competição.

OS DILEMAS DO SETOR EDUCACIONAL

A nova humanidade já está entre nós. Estamos tendo o privilégio de assistir à sua chegada e de saber que descendeu de nós. Mas o que a chegada desses seres humanos significa para a humanidade?

Diante das queixas de muitos pais e professores, que afirmam terem perdido o controle quando o assunto é educar seus filhos e alunos, precisamos mais do que novas ferramentas educacionais, para pais, professores e demais profissionais da área da educação, algo capaz de fazer frente às surpreendentes habilidades, das quais os novos seres humanos são dotados. Precisamos reconstruir nossos conceitos e rever as nossas crenças. Como pretendemos exercer o papel de mestres para discípulos que já nos superaram?

Dizemos que as mudanças rápidas na geração são devido ao alto nível de estímulos que recebem desde que nascem, seja pelas mídias de massa que fazem um verdadeiro bombardeio ou pelos avanços cada vez mais acelerados da tecnologia de ponta.

Porém o que de fato impressiona é a extrema velocidade das mudanças e sua natureza. Ou seja, as crianças de hoje não apresentam apenas altas habilidades cognitivas, mas também uma ampla percepção em todos os aspectos. São altamente empáticas e têm uma abertura psicoespiritual surpreendente ainda muito jovens. Alguns antropólogos e sociólogos chamam a atenção para a velocidade com que essas características se manifestam a cada geração, que acabam por exceder a capacidade de educar. Isso coloca o sistema educacional atual frente a um grande dilema.

Diante de seres claramente com capacidades intelectuais, psicoemocionais e neurológicas tão diferenciadas das da maioria de nós, como deverão ser os modelos educacionais capazes de contemplar, potencializar e respeitar essas diferenças? Diante da realidade mundial em que se encontra a educação, como lidar com o novo, se o tradicional está deficitário? Como preparar professores que sejam capazes de recebê-los sem medo de se sentirem inferiorizados? Que novas habilidades têm que desenvolver para lidar com essa nova realidade? Mas que realidade é essa? Como são de fato esses novos seres humanos?

Alguns antropólogos e sociólogos chamam a ***atenção*** *para a* ***velocidade*** *com que essas* ***características*** *se* ***manifestam*** *a cada* ***geração****.*

Alguns profissionais que se dedicaram a estudar o comportamento desses indivíduos, com um olhar amoroso, tentando deixar de lado a necessidade de enquadrá-los no já conhecido, afirmam que do ponto de vista psicoemocional eles possuem uma inteligência emocional extremamente veloz, mais rápida que a mente racional. Têm uma capacidade de ação imediata, por isso conseguem realizar mudanças com facilidade; possuem a sensação de certeza que lhes proporciona perseverança e otimismo (qualidades de líderes); a inteligência emocional mais desenvolvida, que lhes dá a capacidade de assimilação rápida das coisas, baseada no princípio holográfico, e não na relação causa-efeito, própria da mente racional (a mente emocional é associativa, agem por associação); a compreensão de algo é desencadeada a partir de memórias que são acionadas pelo disparo de gatilhos que podem vir de qualquer um dos sentidos; são colaborativos, mas não aceitam autoridade e orientação vertical.

Do livro *Pedagogia 3000*, de Noemi Paymal (2008):

As crianças de hoje mostram certa facilidade em pelo menos cinco eixos:

- ***Lateralidade cerebral*** *– em geral as crianças de hoje têm uma tendência de usar os dois hemisférios cerebrais, direito e esquerdo, com facilidade e agilidade. O que lhes dá rapidez, pensamento holístico e criatividade (e a possibilidade de fazer várias coisas ao mesmo tempo... e isso... não é déficit de atenção, é SUPRA-ATENÇÃO, como comentou o Dr. Pérez).*

- ***Inteligências múltiplas*** *– os professores observam que usam quase todas as inteligências múltiplas de forma simultânea e facilmente. O que às vezes pode parecer que são dispersas, mas na realidade têm interesses variados e captam rapidamente as coisas. Porém se aborrecem com aulas repetitivas e lentas. Novamente: não é déficit de atenção, mas sim uma nova característica não patológica e bastante interessante dessas crianças.*

- ***Hemi-Sync Alpha Waves*** *– a hipótese de que as crianças de hoje entrem facilmente no Hemi-Sync (sincronização dos hemisférios cerebrais, conforme estudado e demonstrado pelo Dr. Monroe) são naturalmente ondas com pico delta e teta, em um estado de vigilância; isso se deve ao uso equilibrado dos hemisférios cerebrais. É por isso que elas teriam uma percepção multinível mais ampla e nítida.*

- ***Pensamento lateral*** *– o uso do pensamento lateral e da faculdade de buscar várias soluções, por isso conseguem o que desejam, porém, tendem a ser teimosas, ou podemos dizer que são muito perseverantes e determinadas.*

- ***O quarto cérebro*** *– o quarto cérebro corresponde à ativação dos lobos frontais. O comportamento das crianças de hoje se assemelha às características do quarto cérebro. Elas continuam a desenvolver essa parte do cérebro até 20 a 25 anos, de acordo com neurologistas.*

O conceito do quarto cérebro foi introduzido por Michelle Fortune, investigadora e pedagoga francesa, e pelo Dr. Castanón da Bolívia (10Bis), bem como por grupos de investigadores neurológicos dos EUA, entre outros.

O lóbulo frontal é um dos quatro lóbulos do córtex cerebral e ocupa uma região grande que está situada na parte da frente do cérebro, logo atrás da testa. É responsável por processos cognitivos complexos, as chamadas funções executivas. O pesquisador Jesús C. Gullién escreve que "os lóbulos frontais permitem as funções de operações mentais dirigidas a um fim que permite o controle comportamental, ou seja, nos possibilitam escolher, planejar e tomar decisões voluntárias e conscientes".

Segundo Elkhonon Goldberg et. Paymal (2016), o lóbulo frontal é para o cérebro o que um maestro é para uma orquestra, coordena ou dirige as outras estruturas neurais do cérebro em ação combinada.

A memória de trabalho, linguagem, movimento ou autoconsciência depende de originalidade e criatividade. A integração da informação desempenha um papel decisivo nas funções, permitindo a escolha dos objetivos e a organização da ação para realizar. Esse quarto cérebro concentra-se fortemente na integração, tanto da racionalidade quanto da emocionalidade, alcançando o surgimento de atividades idealistas e altruístas.

As principais características do quarto cérebro são:

- *Fomentar a autoconsciência;*

- *Incrementar a originalidade e a criatividade;*
- *Prover funções executivas através da integração da informação, da escolha de objetivos com uma visão holística;*
- *Preparar para uma ação futura holística e eficaz;*
- *Adapta-se melhor, não bloqueia no momento de fazer;*
- *É altruísta e valoriza altos valores. Aceita as diferenças, deseja ajudar e compartilhar;*
- *Está ligado ao cérebro límbico (empatia).*

Observa-se uma tendência, nas crianças e jovens de hoje, de utilizar facilmente o seu quarto cérebro (se a escola não cortar ou o reprimir emocionalmente).

Também se observa comumente a faculdade ampliada do pensamento lateral em muitos desses jovens e crianças de hoje. Criada na década de 1960 por Eduard De Bono, o pensamento lateral tem as seguintes características:

Não podemos mais dizer que não sabemos com o que estamos lidando e o que iremos enfrentar, mas sim ***como*** *iremos* ***enfrentar*** *essa* ***nova realidade****.*

- *Capta facilmente as diferentes facetas de um problema;*
- *Busca caminhos alternativos (vê soluções a, b,c,d,e,f.....n,z);*
- *Sabe estabelecer estratégias.*

Quando lemos o que os profissionais das mais diferentes áreas escrevem sobre essa nova geração, que corrobora o que presenciamos no dia a dia, percebemos que o dilema é ainda maior. Pois não podemos mais dizer que não sabemos com o que estamos lidando e o que iremos enfrentar, mas sim como iremos enfrentar essa nova realidade.

Podemos dizer que há muito o que fazer. Mas prefiro dizer que, acima de tudo, há muito que refletir, pois não existem respostas prontas, faz-se necessária a construção de novas propostas educacionais não estáticas.

É perceptível que estamos diante de um novo ser humano. Que a aceleração da evolução da nossa espécie é uma realidade e precisamos buscar entender cada vez mais como suas mentes funcionam, pois não estamos falando de desconhecidos, mas sim dos nossos filhos, irmãos, sobrinhos e netos.

Essa é uma oportunidade única de evolução, onde podemos fazer uso das nossas inúmeras capacidades, as quais são subutilizadas.

Não podemos mais nos dar ao luxo da alienação, esperando que um novo tratado científico venha nos dizer o que está acontecendo, para a partir daí começarmos a perceber que precisamos mudar.

*É **prudente** que estejamos **abertos ao novo**, com uma postura acolhedora e não julgadora.*

Há uma necessidade urgente de reeducar o nosso olhar e a nossa postura diante do mundo e em especial diante do próprio ser humano. As descobertas científicas são fundamentais para embasar a prática. Mas como a velocidade é maior que o tempo que necessitamos para comprovar, é prudente que estejamos abertos ao novo, com uma postura acolhedora e não julgadora.

Ao nos vermos sem saber o que fazer diante desses seres, reações ou frases como:

- No meu tempo isso se resolvia assim ou assado;
- É falta de laço ou de um bom cabo de enxada;
- Nós não tínhamos essas frescuras.

Essas e outras tantas expressões são ditas quase sempre quando não se consegue lidar com o *modus operandi* dos seres humanos das últimas gerações, pois é comum ficarmos sem ação diante das atitudes inesperadas de crianças e jovens. Contudo, reações que desqualificam e que simplesmente traçam um comparativo com as nossas experiências e a realidade que vivenciamos quando éramos jovens em nada contribuem. Pelo contrário, tornam cada vez mais profundas as diferenças e afastam a possibilidade de compreensão tão necessária.

Somos todos, ou quase todos, oriundos de um tempo muito diferente. Com um comportamento moldado por conhecimentos e crenças, frutos de um modelo onde o cientificamente comprovado que abomina toda e qualquer outra hipótese de olhar o mundo e os seres que nele habitam, sem que algo tenha sido estudado por anos, medido e comparado para obter uma comprovação, dita a forma como devemos nos comportar diante dos fatos e do comportamento humano. A tarefa de lidar com a velocidade das mudanças é hoje uma das mais difíceis, pois ela não nos dá mais tempo para esperar por modelos que possam ser testados antes de serem aceitos.

O que não podemos mais negar é que precisamos de novos métodos de ensino, de novos conhecimentos nas áreas da medicina, da psicologia e de todas as que se dedicam a estudar e entender o ser humano e seu comportamento, e que os modelos de gestão, bem como suas leis, precisam ser revistos para se tornarem capazes de gerir os anseios e necessidades de uma nova raça.

Porém esses novos métodos devem ser criados a partir do que está acontecendo, para depois, sim, ver quais dos conhecimentos já existentes se encaixam na base de suporte para uma nova forma de agir, mais coerente. E não querer encaixar no já existente.

O NOVO JEITO DE APRENDER REQUER UM NOVO JEITO DE ENSINAR

> *As salas de aula não podem continuar com as crianças virando as costas e os professores gritando: não copiem, não ajudem uns aos outros!*
>
> ***Dra. Mirta Guelman de Javkin***

A educação deve ser vista como um bem raro e precioso. Dela depende a formação dos novos seres humanos, independentemente da época ou da capacidade que tragam na sua essência.

A educação é a única capaz de ajudar a construir o caráter do ser humano. Ou seja, de entalhar na mente os veios por onde a consciência flui e passam a derivar as ações.

Precisamos sair do discurso que diz: o que importa é o ser e não o ter, estruturando um modelo de educação com coerência teórico-prática baseado mais do que em novos conceitos, em novos valores, que levem em conta as virtudes humanas no verdadeiro significado. Respeito, sabedoria e amor. Somente fundamentados nessas virtudes poderemos construir caminhos que levem a humanidade a mudar o modo com que vê o mundo e a função do ser humano durante a jornada da vida.

Se quisermos verdadeiramente desenvolver ações que contemplem as pessoas, o planeta e a prosperidade com vistas à paz mundial e universal, há que se fazer mais e diferente.

A educação terá que cumprir outro papel. Ter como objetivo central tornar a humanidade mais feliz, por meio da promoção de ações que concorram para moldar o caráter, dando elementos necessários para a convivência social pacífica e a verdadeira compreensão do mundo onde a criança está inserida, e não apenas uma interpretação baseada nas crenças e atitudes já existentes.

Deixar de ser um instrumento de uso social que enquadra os seres para continuarem servindo a um modelo social desgastado, desigual e perverso. Onde primeiro tem que provar através das inúmeras formas de competição que é capaz de merecer algo que já deveria ser de direito. Postura que contradiz a Declaração Universal dos Direitos Humanos, que no seu artigo 1° nos traz:

> *Todos os seres humanos nascem livres e iguais em dignidade e direitos. São dotados de razão e consciência e devem agir em relação uns aos outros com espírito de fraternidade.*

Respeito, sabedoria e amor. Somente ***fundamentados*** *nessas* ***virtudes poderemos construir caminhos*** *que levem a* ***humanidade*** *a* ***mudar*** *o* ***modo*** *com que* ***vê*** *o* ***mundo****.*

Para que a educação possa de fato cumprir o papel que lhe é devido, fazem-se necessárias a desconstrução de muitos saberes e a ressignificação de outros. Adotando uma postura de condutor de um processo capaz de rever as bases onde a humanidade tem se sustentado, para daí então reconstruir essa base a partir de valores verdadeiramente humanos e não meramente mercantilistas. Onde a ética passe a ser o motor que move todas as atitudes e as ações, que permita colocar o humano como peça central de qualquer processo. Pois é do humano que parte a criação.

Por mais avançadas que possam ser e se tornar as atuais e futuras tecnologias, todas indistintamente, partiram da mente humana e não o contrário. Respeito, cooperação, fraternidade e/ou sororidade, humildade e amor terão de deixar de ser conceitos banalizados para voltarem a ocupar o lugar de valores fundamentais da humanidade.

Precisamos que a ética permeie todos os aspectos que envolvem a vida em sociedade, para fazer com que o uso de qualquer invenção se torne adequado e seja sempre em favor do próprio ser humano. O ato de educar deve remontar o seu verdadeiro significado. A palavra educar tem sua origem no latim "educare". Palavra que era composta de "ex", fora, e "ducere", guiar, conduzir, liderar.

O educador deve deixar de ser um repassador de conteúdo para voltar a ser o guia que lidera, que conduz, não mais um processo educacional, mas seres que irão se educar e aprender aquilo que vai de fato lhes trazer a segurança de uma vida em sociedade, onde a paz será consequência. Não a paz entendida apenas como ausência de conflitos armados, mas a paz construída primeiro internamente em cada ser humano que aprendeu o valor da vida e compreendeu o mecanismo de interdependência que a sustenta.

Não conseguimos nos tornar mestres sem** que nos mantenhamos **discípulos.

O modelo de educação deverá ser mais horizontal no sentido de que o centro deixe de ser o professor ou o aluno, mas que o movimento de aprender e ensinar seja equilibrado, onde o professor sirva de ponto de referência, mas não o único ponto de saber. Que tenhamos professores que se deleitem com o ato do aprender constante, tanto quanto como o ato de ensinar. Pois não conseguimos nos tornar mestres sem que nos mantenhamos discípulos.

A educação precisa ser capaz de libertar o ser humano, dando-lhe as condições para que possa agir com consciência e responsabilidade. Que se torne capaz de agir não pelo medo de ser punido por outros, mas porque está consciente das consequências dos seus atos. Consciente das suas responsabilidades tanto quanto dos seus direitos.

A educação precisa ser capaz de resgatar o prazer pelo ato de aprender à medida que o aprendizado consiga produzir efeitos na vida prática de quem é educado e não apenas cumprir uma grade curricular ampla, mas desassociada da realidade. Ou pelo menos da realidade da criança e do jovem naquele momento da sua vida.

As atividades devem ser lúdicas, devem remeter a algo prazeroso. Porém o entendimento de prazer e diversão incorporados pela sociedade atual estão envoltos em conceitos e práticas que contradizem a tão falada paz pregada pelos órgãos internacionais de direitos humanos. Embora com o nome de arte: cinema, telenovelas e outros tantos consumidos pela população, que primam pela erotização e a violência, em uma mistura de apologia à prática sexual e ao uso de armas para compor as tramas que tanto atraem o interesse de milhões, mexendo não com a inteligência, mas sim com os instintos primitivos.

Esse tipo de arte corrobora para a "imbecilização humana", pois usa de estratégias que mantêm a chamada cultura de rebanho, que impede o ser humano de fazer escolhas conscientes. Age como agem as drogas no organismo, estimula o cérebro e pode trazer a sensação de alegria e bem-estar, enquanto leva à demência.

Uma sociedade que por séculos se acostumou a rir com temas racistas, homofóbicos, e que, agora que não são mais aceitos, foram substituídos pelo uso indiscriminado de palavrões como demonstração de liberdade de expressão. A isso dão o nome de humorismo.

A prática esportiva, que deveria ser um instrumento educativo, para exercitar a colaboração, o trabalho em equipe, o respeito às regras e aos limites, tornou-se mais um meio de discriminação e exclusão, devido ao desequilíbrio que coloca mais peso na competição e no ganho do que na estratégia e no aprendizado. Rever todos esses conceitos não é tarefa fácil, nem rápida. Mas é necessário começar.

A Geração 3000, com todas as suas características e inteligência incomum, encontra-se perdida, como visitantes que chegam antes da hora e encontram a casa inacabada. E ainda por cima são tratados como invasores, quase que desconvidados porque a bagagem que trouxeram é muito grande e os espaços não estão adequados, nem para guardá-las muito menos para permitir o seu uso.

Precisamos estruturar um novo modelo educacional com instrumentos que levem o estudante para um processo que vá além do simples aprender. Pois quando aprendemos alguma coisa, não significa que nos apropriamos dela. É necessário que passemos para o processo de compreender, onde se percebe a importância desse conteúdo para a vida em todos os aspectos. O entendimento vem com a prática. Só a partir dela é que conseguimos nos apropriar da essência do saber.

Se fizermos uma analogia com o mundo animal, quando o predador prende a presa, se ele não entender que ela serve como alimento, mesmo que ele a mate, não será sua. Somente quando ele compreende para que serve e se alimenta dela é que vai usufruir dos seus nutrientes.

Para o conhecimento, o princípio é o mesmo. Portanto, modelos educacionais que exigem que as pessoas aprendam e têm como medida de aprendizado uma nota com vistas a um certificado não garantem transformação e não se adequam a mentes já tão evoluídas.

A POSIÇÃO DA LIDERANÇA NA EDUCAÇÃO

A liderança é fundamental em qualquer setor. É o líder que cria os contrapontos para equilibrar as relações e manter a harmonia nos ambientes, dando condições para que as ações sejam desenvolvidas de forma produtiva e mais assertiva possível.

Contudo, diante do cenário em que se encontra a educação, e sendo a educação o instrumento mais adequado, capaz de preparar as bases, onde a nova humanidade irá se sustentar; como deve se posicionar o líder dessa área?

Embora esse seja um pressuposto básico para que quem exerce a liderança em qualquer área deva se pautar, quando falamos em liderar processos educativos não há como prescindir. Aqueles que estiverem à frente de processos educacionais devem lembrar que administramos para pessoas, não para coisas.

Aqueles que estiverem à frente de processos educacionais devem lembrar que ***administramos*** *para* ***pessoas, não*** *para* ***coisas.***

Quando acreditamos que administramos pessoas, quase sempre o fazemos como se fossem coisas. Valorizamos mais os resultados que elas oferecem do que elas próprias. Quando mudamos o nosso foco, passamos a administrar as coisas com as pessoas e para as pessoas. Tiramos as coisas do trono e deixamos de servir a elas e passamos a compartilhar os resultados que as coisas trazem com quem de direito.

O mundo de hoje passou a ser administrado/comandado pela tecnologia, ao invés de usarmos a tecnologia para administrar as coisas a favor das pessoas.

O líder da educação dos dias de hoje necessita de clareza em saber que processo vai liderar, quais ferramentas usar, como colocar as técnicas e a tecnologia a serviço do processo educativo. Necessita ter sabedoria para escolher dentre, considerando o universo de possibilidades. Que além dos educadores terá que liderar com os educandos.

Um modelo educacional capaz de gerar transformações precisa ser administrado por alguém que vê além do que está posto. Com coragem suficiente para planejar e pôr em prática uma educação que vai produzir resultados que não irão responder às expectativas do mundo atual, tal qual está estruturado. Irá precisar sair do lugar comum, deixando de ser mercador de fumaça, pois o modelo educacional existente serve para embaçar as mentes e não para clareá-las.

Usar os princípios da arte no seu verdadeiro sentido, que é a capacidade de ver além da simples aparência. É extrair de qualquer coisa, material ou situação, o seu melhor, trazendo a essência à tona. Como diria o pintor e escultor Michelangelo, ser capaz de libertar os seres que estão aprisionados no interior das rochas.

A educação requer líderes que queiram aprender e reaprender todos os dias. Que estejam dispostos a reconstruir suas crenças quantas vezes forem necessárias com leveza, sem medo de não saberem tudo, sem a pretensão de parecerem sábios, e sem perderem a direção.

A ***educação*** *requer* ***líderes*** *que queiram* ***aprender*** *e* ***reaprender todos os dias****.*

> *Tocar na criança é tocar o ponto mais delicado e vital, onde tudo pode ser decidido e renovado, onde tudo está cheio de vida, onde os segredos da alma estão trancados...*
>
> ***Maria Montessori***

CAPÍTULO 06

A saúde nas organizações e a saúde das organizações

As causas que levam a população a adoecer são inúmeras. Mas aqui quero trazer as questões que estão relacionadas aos ambientes corporativos e/ou organizacionais em geral.

O objetivo de número 3 (três) da Agenda 2030 da ONU diz: "Assegurar uma vida saudável e promover o bem-estar para todos, em todas as idades".

Entre as metas que devem ser cumpridas para que esse objetivo seja alcançado estão: a redução da mortalidade neonatal, da obesidade e a erradicação de doenças como o HIV, a tuberculose e a malária. Mas também a conscientização quanto ao uso de álcool e drogas e o esclarecimento cada vez maior em torno da saúde mental e da importância do bem-estar psicológico e físico.

Quando trazemos aqui os objetivos da ONU que englobam as questões em âmbito mundial, às vezes nos parecem inalcançáveis, considerando a realidade atual em que se encontra a saúde da população. Para todos os lados que olhamos, percebemos pessoas que apresentam problemas de saúde. Ou porque lhes faltam as mínimas condições de alimentação, nutrição e de saneamento básico, ou porque o modelo de vida que incorporaram as levou ao adoecimento, independentemente da sua situação socioeconômica.

As causas que levam a população a adoecer são inúmeras. Mas aqui quero trazer as questões que estão relacionadas aos ambientes corporativos e/ou organizacionais em geral. Esses ambientes são afetados pelo conjunto de normas instituídas, sejam elas econômicas, políticas, sociais, morais ou legais oriundas da sociedade. Pois são elas que estabelecem as bases para o funcionamento das estruturas criadas para produzir e fazer com que a economia e tudo o que dela depende funcione.

É nesses ambientes que grande parte da população permanece a maior parte do tempo de suas vidas, mesmo após o evento da pandemia da Covid-19. Apesar de que, para muitos, o trabalho passou a ser realizado de forma remota, ainda assim as influências das estruturas organizacionais provocam efeitos na vida e na saúde dessa população. Porque se não estão no ambiente físico, estão no ambiente virtual, que por vezes se tornou ainda mais complexo.

Há décadas esse assunto é tema dos mais diferentes debates. Tendo como pano de fundo o aumento da competitividade e a dinâmica cada vez mais acelerada de transformação devido aos avanços tecnológicos. Cenário que exige que as organizações passem a ter a saúde dos seus funcionários como prioridade, já que são ambientes que impõem altos níveis de estresse aos profissionais, independentemente da área em que se encontram ou do cargo que ocupam.

Não há organização que não exerça pressão por resultados e não cobre cada dia mais que seus profissionais estejam preparados para dar conta das metas com o menor número de falhas possíveis, onde as palavras performar e recorde passaram a fazer parte do dia a dia dessas organizações e, por conseguinte, de todos os que delas fazem parte. O alto preço imposto por essa realidade não fica apenas na conta dos funcionários, ele também é computado na conta da organização. Considerando que o que sempre vem primeiro é a saúde financeira das organizações, que estão imersas em um modelo que não as deixa respirar, onde a tônica competitiva pode ser denominada como canibal, passa a ser encarado como normal um ambiente onde quem não joga o jogo está fora. É derrotado. Onde quem vence é o mais preparado.

*As **organizações** estão inseridas em um **sistema doentio** e **replicam** esse mesmo **sistema internamente**.*

Os incentivos oferecidos com o intuito de gerar motivação têm sempre um caráter competitivo. As tais recompensas do MAIS: o que mais vendeu, o que mais produziu, o que mais atendeu, o que mais, o que mais, o que mais... O ambiente de trabalho é o reflexo do ambiente externo, onde se reproduz o modelo comercial e econômico do mercado. As organizações estão inseridas em um sistema doentio e replicam esse mesmo sistema internamente. Os conflitos internos são elementos presentes no dia a dia das organizações, motivados, normalmente, pelos programas de incentivo baseados na competição.

O fato de o ambiente organizacional ser um reflexo do ambiente externo onde a organização está inserida, há muitos outros elementos que interferem diretamente na saúde dos profissionais: a violência, a inflação, a redução do poder aquisitivo, o desemprego, que gera o medo de ser demitido e não conseguir outra colocação. Tudo isso provoca insegurança e leva à exaustão, que gera desmotivação, irritação e até apatia. (ALVES, 2017)

São inúmeras as consequências de ambientes doentios na vida e na saúde das pessoas. O desencadeamento de várias "síndromes", a exemplo da Síndrome de Burnout ou Síndrome do Esgotamento Profissional. Contudo, essa é apenas uma delas.

Hoje nos encontramos em um momento único na história, onde o advento da pandemia causada pela Covid-19 forçou o repensar de modelos de trabalho, e trouxe novos desafios. O *home office*, que era tido como uma alternativa para diminuir o estresse em vários setores, que foi resistido por muitos, por muito tempo, teve de acontecer de forma abrupta. E como toda mudança, quando acontece repentinamente gera desconforto, mesmo para aqueles que a desejavam. Pois tiveram de lidar com uma crença que era quase regra, não levar problemas de casa para o trabalho, assim como não levar trabalho para casa. Embora possamos dizer que agora é diferente, não passamos a agir diferente. Os limites entre os assuntos de trabalho e de casa, que há tanto se trabalhou para que houvesse uma distinção, com o trabalho sendo realizado em casa, facilmente se confundem.

A pandemia, ao mesmo tempo que força mudanças que podem ser positivas, também tem aflorado problemas aos quais ainda não estava sendo dada a devida atenção. Os problemas de relacionamentos familiares que afetavam a vida como um todo, não deixando de lado o setor profissional. Os crescentes diagnósticos de doenças mentais e comportamentais, como a depressão, que já era considerada o mal do século, entre outros. Porém como fomos treinados a dar mais importância para os problemas físicos, aqueles que podem ser mensurados, do que para os emocionais, damos mais atenção a um dedo cortado que é classificado como um acidente de trabalho e responsabilidade da empresa, que vai para as estatísticas dos órgãos fiscalizadores. Enquanto que um quadro de desmotivação é atribuído quase sempre à conduta e falta de boa vontade do desmotivado.

*Chegará o **momento** em que a **dosagem medicamentosa** poderá **representar** outro **fator** de **adoecimento**.*

Com estruturas organizacionais viciadas e doentias, por mais que se criem programas para tentar reduzir os problemas de saúde dos funcionários, enquanto a organização não se der conta de que ela precisa ser tratada, que seus métodos necessitam ser revistos, nenhuma meta por mais abrangente que seja, mesmo quando alcançada, trará resultados eficazes. Será como tomar remédio para uma doença e continuar ingerindo o que a provoca. Chegará o momento em que a dosagem medicamentosa poderá representar outro fator de adoecimento, ao invés de controlar a doença. Nesse ponto, as sequelas serão inevitáveis.

A OMS em dada ocasião declarou que "os maiores desafios para a saúde do trabalhador atualmente e no futuro são os problemas de saúde ocupacional ligados às novas tecnologias de informação e automação, novas substâncias químicas e energias físicas, riscos de saúde associados a novas biotecnologias, transferência de tecnologias perigosas, envelhecimento da população trabalhadora, problemas especiais dos grupos vulneráveis (doentes crônicos e deficientes físicos), incluindo imigrantes e desempregados, problemas relacionados com a crescente mobilidade dos trabalhadores e ocorrência de novas doenças ocupacionais de várias origens" (PAHO - Pan American Health Organization).

Como vemos, as causas são sempre atribuídas a algum fator alheio ao comportamento humano e aos modelos organizacionais que estabelecem as formas de uso e consumo de tudo o que existe.

Com a chegada da Geração 3000 e o início da sua participação no mercado de trabalho, há que se rever muitos dos conceitos atualmente estabelecidos. Essa geração tem uma nova estrutura neurofisiológica que implica um novo modo de interagir com o mundo que a cerca. Segundo estudos apresentados por Noemi Paymal no livro *Pedagogia 3000*, um dos aspectos evidenciados é o aumento da Inteligência Emocional, tratado pela área da psicologia por profissionais como Daniel Goleman e Peter Salovey.

O aumento desse coeficiente implica, entre outros, maior velocidade de aprendizagem, capacidade de ação imediata, lógica holográfica, manejo das artes e da espiritualidade. Ou seja, são seres detentores de maior sensibilidade.

Como vemos, essa é a linguagem que não faz parte do dia a dia das organizações. Então como vamos lidar com essa nova realidade se mantivermos os mesmos padrões? Até a figura do estagiário, que chegava primeiro para aprender, agora já chega com capacidade para ensinar.

Será que estamos preparados para aprender com eles? Qual será o nosso nível e humildade diante desses cérebros?

Qual a medida da firmeza para conduzir um contingente com capacidades tão diferenciadas sem que isso seja mais um fator que potencialize o adoecimento?

OS DILEMAS DOS PROFISSIONAIS DA SAÚDE FRENTE AOS NOVOS SERES HUMANOS - A GERAÇÃO 3000

O desequilíbrio nas interações humanas e com as organizações as quais fazem parte ou têm que interagir se evidencia no adoecimento da população. Como já citamos, muito antes do evento da Covid-19, já estávamos vivendo uma epidemia que infelizmente tende a ser intensificada neste momento, a das doenças classificadas como mentais e comportamentais, entre elas a depressão que atinge todas as idades. Além do assustador número de diagnósticos de déficit de atenção, hiperatividade e autismo entre os mais jovens.

Um estudo da Organização Mundial da Saúde (OMS) de 2012 indica que houve um aumento de 78% nos diagnósticos de crianças com TDA (Transtornos de Espectro Autista) em nível mundial. Em dez anos, entre 2002 e 2012. E esse estudo indica que essas crianças também apresentam déficit intelectual.

Também é observado um crescente número de suicídios, bem como as práticas de automutilação, que têm maior incidência entre jovens de 12 a 17 anos, mas que também já estão presentes em muitos com idade entre 8 e 10 anos.

Médicos e outros profissionais da saúde não raro se veem sem respostas diante das novas patologias que fogem aos protocolos médicos conhecidos. Seres humanos com dificuldades de relacionamento, com personalidades que dificilmente se encaixam nas estruturas sociais já estabelecidas, que apresentam todo o tipo de hipersensibilidade, como se fossem incapazes de ter uma vida normal. Com dificuldades extremas no plano emocional.

Porém um estudo realizado pelo psicólogo colombiano Patrício Pérez, ao longo de uma investigação realizada entre 2002 a 2006 no Equador, com centenas de pacientes, afirma que 80% das crianças que chegam em seu consultório são extremamente brilhantes, cujo problema era "chocar" o sistema educacional e familiar. E que somente 20% apresentam dificuldades reais, mas que evoluem muito bem com terapias alternativas

Ao estudar as mudanças neurológicas, o Dr. Carlos Alborta Aliaga, médico cirurgião, investigador de neurofisiologia infantil em La Paz, na Bolívia, diz:

A verdade é que ainda se ***sabe pouco*** *sobre as* ***estruturas*** *desses* ***novos seres humanos*** *e como lidar com eles.*

> *(...) Temos que encontrar um porquê, por que as crianças de hoje, que não sofrem anomalias em seus estágios de desenvolvimento, têm um desenvolvimento neurológico mais acelerado ao que os profissionais estão acostumados a avaliar. (PAYMAL, 2016)*

Percebemos que há diferentes olhares para uma mesma situação. A verdade é que ainda se sabe pouco sobre as estruturas desses novos seres humanos e como lidar com eles.

Segundo a Dra. Amelia Cantarero Garcia, da Espanha,

> *a plasticidade neural é tão diversa, especialmente nesse tipo de pessoa, que parece ser incapaz de se desenvolver em certas áreas e mostrar grande habilidade em outras, que ele escapa dos parâmetros conhecidos. (...) Precisamos do apoio de uma equipe destemida e de mente aberta para apoiar a criança e sua família. Os médicos geralmente se sentem impotentes quando nos expõem as crises, medos, esse tipo de 'doença da alma', especialmente em crianças.*
>
> *(PAYMAL, 2016)*

A humanidade está gritando por socorro, esses novos seres humanos necessitam ser entendidos muito antes de serem diagnosticados e medicados. A ciência voltada para a área da saúde precisa urgentemente evoluir para se tornar capaz de ser mais assertiva diante dessa nova realidade.

Está claro que a humanidade está sofrendo de males que somente as drogas conhecidas não dão mais conta. Que não se encaixam nos protocolos conhecidos. Em especial, essa nova geração apresenta grande sensibilidade, como descrita por vários profissionais e percebida empiricamente por todos aqueles que convivem com ela.

A medicina, como a conhecemos, parte de um modelo que já completou um século, que embora já tenha tido muitos avanços, ainda sofre as influências na formação médica do conhecido e polêmico Relatório Flexner, elaborado por Abraham Flexner e publicado em 1910.

A ***humanidade*** *está* ***sofrendo*** *de* ***males*** *que somente as* ***drogas*** *conhecidas* ***não dão mais conta.***

A MEDICINA DOS NOVOS TEMPOS

Não tenho aqui a pretensão de, como diria o ditado popular, "ensinar o padre a rezar a missa". Mas tão somente provocar reflexões, para que possamos ter um olhar mais atento para o que está acontecendo. Na sequência, trago dados apontados por profissionais da área da saúde que, apesar de alguns deixarem claro não se tratarem de dados científicos, são constatações que fizeram a partir da prática diária no exercício da profissão. Extraído do livro *Aportes científicos*, de Noemi Paymal.

Falsos hiperativos?

Dra. Fabiola Dueñas Ramos, Peru/Argentina:

No meu trabalho com crianças como profissional de saúde e mãe, tive experiências diferentes, onde eu percebo claramente que a maioria das crianças desta época estão muito despertas e são erroneamente chamadas de hiperativas. Elas são criativas, altamente sensíveis e têm a capacidade de aprender muitas coisas ao mesmo tempo, e resolvem problemas usando novas respostas.

(PAYMAL, 2016)

Novos filhos?

Doutora Marcia Soares, Brasil, 2009:

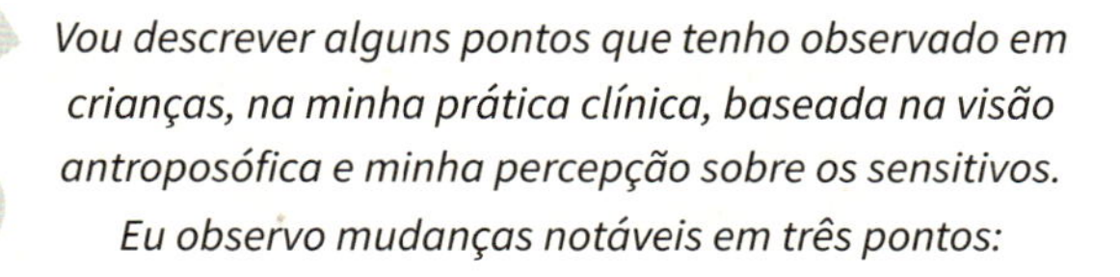

Vou descrever alguns pontos que tenho observado em crianças, na minha prática clínica, baseada na visão antroposófica e minha percepção sobre os sensitivos. Eu observo mudanças notáveis em três pontos:

1. *No sistema cardíaco/timo;*
2. *No sistema neurossensorial;*
3. *No sistema metabólico.*

Quando crianças pequenas chegam, sinto que estou diante de algo novo que NÃO foi estudado nos tratados médicos pelos quais me formei. Eu noto uma diferença na vibração ou campo de energia que se forma no ambiente delas.

O sistema cardíaco/timo

Um dos pontos que observei ao ouvir o coração é que tem ritmo e amplitude diferentes. A região da ponta do coração tem uma rede para receber e transmitir dados, uma troca, com o golpe. Este organismo tem a função de perceber informações sensíveis, tais como: amor incondicional, entusiasmo, uma sensação de bem-estar e segurança. É como se esses filhos tivessem dois corações – o coração e outro relacionado ao timo (onde todas as informações novas são codificadas permanentemente). A ponta do coração possui um "chip" que recebe impulsos vindo do centro da alma através do timo, e o coração o irradia por todo o corpo. O golpe é também à região de defesas (sistema imunológico). Essas crianças têm naturalmente um "sistema de simpatia e antipatia", que lhes permite discernir e sentir e estarem prontas para andar na Terra sem a necessidade de aprender com os adultos. Quando esse sistema está "sobrecarregado" (ambientes hostis, sem amor, vacinas em excesso, poluição do ar, ruído etc.), essas crianças tendem a desenvolver ritmos cardíacos anormais. Manifestações negativas relacionadas, alterações do sono, irritabilidade etc.

O sistema neurossensorial e o sistema metabólico

No polo neurossensorial, noto a atividade energética da fontanela ("ondas" com informações neurossensoriais). Percebe-se desde os primeiros dias de vida que elas conseguem fixar o olhar. Ficar "olho no olho". Ficando por vários minutos com os olhos fixos aos olhos dos outros, especialmente se houver sentimentos reais entre eles. Também há movimentos labiais como se as palavras já estivessem lá. Quando estão em ambientes cheios de pensamentos negativos e atitudes intelectuais sem energia vital, essas crianças tornam-se hiperativas e com déficit de atenção.

Diante de seres com uma natureza tão distinta das conhecidas, que tipos de medicina e protocolos serão necessários ser criados para evitar falsos diagnósticos e em especial o sofrimento desses seres?

Não há respostas ainda. O que há é um sinal de alerta para que a medicina, a psicologia e todas as áreas que tratam da saúde do ser humano sintam o chamado da evolução.

Essas constatações nos mostram que se faz necessário repensar os modelos de diagnósticos e tratamentos, pois muito do que é considerado patologia, que tem se apresentado hoje, já não se encaixa nos protocolos conhecidos.

Precisamos talvez de uma nova medicina ou ainda resgatar conhecimentos milenares que já olhavam o ser antes do sintoma. Que tratavam o todo, o contexto, e não apenas um órgão ou um membro. A medicina, sem deixar os conhecimentos que foram aprofundados com as especialidades médicas, talvez precise dar um passo atrás e integrar esses conhecimentos no todo.

O que há é um sinal de ***alerta*** *para que a* ***medicina****, a* ***psicologia*** *e todas as áreas que tratam da* ***saúde*** *do ser humano sintam o chamado da* ***evolução****.*

Às vezes temos a sensação de que vamos ao médico para levar o coração, o pulmão, o estômago, o dedo cortado ou qualquer outra parte que apresente um problema, mas apenas porque não aprenderam a ir sozinhos.

Somos medicados para resolver um problema em uma parte do nosso corpo e facilmente os chamados efeitos colaterais geram problema em outra. É quase como que se cada pedaço tivesse aprendido a funcionar sozinho.

Estudou-se e aprendeu-se muito com as especialidades. Mas agora com seres humanos que tendem a ser tão diferentes, desde o metabolismo às emoções, onde encaixar esses conhecimentos?

Necessitamos começar por tratar da alma dos que cuidam para que possam ter condições de tratar do corpo de quem precisa ser cuidado, sem que esse ser humano precise se despir da essência.

AS DOENÇAS OCUPACIONAIS E A NECESSIDADE DA MUDANÇA DE PARÂMETROS

Quando tratamos de saúde nas organizações, temos a intitulada saúde ocupacional, que é o setor específico dentro da grande área da saúde, que trata especificamente da saúde voltada para o trabalhador.

A saúde ocupacional tem por objetivo prevenir doenças e demais problemas que possam ter origem no ambiente de trabalho, decorrentes das condições físicas e ambientais em que o trabalhador realiza suas atividades.

> Porém, com essa nova geração chegando aos espaços laborais das organizações, e sendo eles tão diferentes, física e emocionalmente, que parâmetros a medicina e a engenharia do trabalho terão que adotar?

As normas regulamentadoras que estabelecem esses parâmetros para os mais diferentes aspectos, como ruído, luminosidade, temperatura, diante de seres que claramente apresentam hipersensibilidade em todos os seus sentidos, a chamada hiperestesia, certamente terão que ser revistas, não esquecendo que haverá diferenças de uma geração para outra e que as necessidades de uns são diferentes das dos outros. Que além de ter novos parâmetros é necessária uma variação de acordo com a diversidade de seres humanos e suas características particulares. Dificilmente um mesmo parâmetro continuará servindo para um grande contingente.

*A **pergunta** é: a **intensidade** da **iluminação** considerada **adequada** até **hoje será** a **mesma** para os novos **seres** com maior **sensibilidade à luz?***

Por exemplo: o ANEXO III da NR 15 (OIT) – atividades e operações insalubres – que trata da exposição ao calor. Se os novos seres apresentam maior sensibilidade tátil, esses parâmetros garantirão a saúde desses humanos tanto quanto dos que não possuem essa mesma sensibilidade?

Como deverão ser os tecidos para os uniformes, visto que a pele é mais sensível e facilmente fica irritada, causando desconforto e interferindo, além da saúde e bem-estar, na produtividade?

Já a NR-17 (OIT) fala sobre a luminosidade no ambiente de trabalho. No item 17.5.3 dessa NR está previsto: “Em todos os locais de trabalho deve haver iluminação adequada, natural ou artificial, geral ou suplementar, apropriada à natureza da atividade".

A pergunta é: a intensidade da iluminação considerada adequada até hoje será a mesma para os novos seres com maior sensibilidade à luz?

E a poluição sonora? O parâmetro de 80 decibéis (OIT), previsto hoje pela legislação vigente, reconhecido pelo INSS na concessão de benefícios acidentários relativos à perda auditiva, até quando será considerado, se a maioria dos jovens de hoje sente-se desconfortável com ruídos e frequências sonoras que não nos incomodam?

Penso que essa é uma das áreas que precisa urgentemente de novos estudos para adequar os parâmetros hoje utilizados, sob pena de, em vez de prevenir o aparecimento de doenças, no ambiente de trabalho, impor medidas que fortaleçam o adoecimento.

> Quando iremos começar a pensar sobre esses aspectos? Iremos permitir que surjam problemas em quantidade suficiente que prejudiquem a produção para daí nos darmos conta de que a origem não está nas pessoas, mas sim nos parâmetros que não correspondem mais às novas estruturas neurofisiológicas?

A SAÚDE DO LÍDER E A SAÚDE DA EQUIPE

Sempre que falamos do papel do líder frente a processos, e consequentemente junto a pessoas, deixamos claro que dele dependem quase todos os aspectos que envolvem a convivência em grupo e a harmonia necessária para que os ambientes sejam os mais saudáveis possíveis, garantindo os resultados pelos quais as ações são desenvolvidas.

Um ambiente saudável que promova a saúde e segurança da equipe vai além da correta aplicação de programas instituídos pelo RH ou demandados pela Medicina e Segurança no Trabalho. Aqui novamente a postura do líder faz a diferença. A começar pelo quanto ele próprio cumpre as regras e como as cumpre. Se o líder encara os procedimentos como mera obrigação, fazendo cumprir para não ser cobrado por alguém ou por algum órgão de controle, se nos momentos de pressão por resultados não deixa essas regras de lado para garantir a entrega, o alcance das metas numéricas e financeiras, pressionado pela estrutura organizacional que tem o seu foco no produto e não nas pessoas.

As organizações precisam entender que a saúde financeira depende da saúde da equipe. E que a saúde da equipe está intimamente ligada à saúde do líder. Que deve ter um olhar diferenciado para aqueles que estão no comando de grupos para garantir os resultados da organização. Os programas voltados para preparar as lideranças precisam contemplar o ser humano em todas as suas dimensões, física, mental, espiritual, e não apenas as suas habilidades técnicas e as estratégias mecânicas e mercantilistas que fazem parte do mundo dos negócios. Temos consciência de que o modelo que rege o mundo dos negócios é mercantilista e competitivo, mas é justamente esse modelo que oferece as bases que deterioram a saúde daqueles que garantem o seu funcionamento. Se não temos como mudar o modelo, precisamos mudar a forma que vemos e lidamos com aqueles que mantêm o funcionamento das engrenagens desse mecanismo econômico.

Um líder que aprende a se conhecer e respeitar os seus próprios limites físicos e emocionais será capaz de fazer o mesmo com a sua equipe, ele precisa ser treinado para conhecer e saber lidar com gente antes de aprender a lidar com máquinas, *softwares*, planilhas e fazer o controle de qualidade dos insumos e do produto.

Ser líder nestes novos tempos, mais que um desafio de aprendizagem e crescimento profissional, é um desafio de crescimento pessoal e de autoconhecimento. Para liderar processos saudáveis com pessoas saudáveis, primeiro o líder há que se conhecer. Aqui cabe a frase que Sócrates tornou conhecida: “Conhece-te a ti mesmo e conhecerás o universo e os deuses”.

*Temos consciência de que o **modelo** que **rege** o **mundo dos negócios** é mercantilista e competitivo, mas é justamente esse modelo que oferece as **bases** que **deterioram a saúde** daqueles que garantem o seu funcionamento.*

CAPÍTULO 07

A Geração 3000 e as religiões

Com o argumento de que o ser humano deve sempre agradar o Ser Divino para evitar os possíveis castigos, cada segmento religioso estabelece as oferendas ou os rituais que entende necessários para que as graças possam ser concedidas.

1. O domínio das mentes

As religiões ao longo da história sempre estiveram empenhadas em manter um espaço na vida e em especial nas mentes humanas. Os estudos mostram que, desde os tempos mais primitivos, o homem sempre teve como controlador um ser que atuava no mundo do desconhecido de quem nada escapa. Com poderes de conceder bênçãos ou de castigar aqueles que descumprissem suas regras/vontades.

As religiões como instituições organizadas, valendo-se de conhecimentos ancestrais que tinham como base a relação do homem com a natureza e as suas forças, onde procuravam manter uma relação harmoniosa, tomaram para si o direito de denominar e definir como essa relação deveria se dar.

Com o argumento de que o ser humano deve sempre agradar o Ser Divino para evitar os possíveis castigos, cada segmento religioso estabelece as oferendas ou os rituais que entende necessários para que as graças possam ser concedidas. Uma prática que coloca a divindade de cada um desses segmentos, sem exceção, como mercadora. Um ser que detém o monopólio divino do bem e do mal e que cobra caro por seus produtos e serviços.

Os chamados castigos divinos ou a ideia deles corrói as mentes, que se sentem sempre em dívida e por isso se veem ameaçadas o tempo todo. Quase ninguém ousa questionar, pois é tido como desrespeito e motivo para merecer castigo. Mesmo quando pedem as graças de que julgam necessitar e não as recebem, o máximo que fazem é se sentirem não merecedoras e continuarem pedindo na esperança de serem atendidas. Poucas são as que se revoltam.

Esse mecanismo mantém o domínio sobre as mentes, que se sentem presas a algo que desconhecem, mas que não ousam desafiar. Quando não seguem as regras, dificilmente o fazem como rebeldia ou afronta, mas sim porque se sentem inferiores a ponto de não terem condições de manter o controle dos seus instintos. Porém, para isso, contam com a benevolência desse ser superior, desde que consigam se arrepender dos atos inaceitáveis aos olhos divinos. Ou seja, o sentimento de culpa é estimulado, bem como a atitude de subserviência. Condição para obter o perdão, quantas vezes for necessário. Porém, como esse ser a quem se submetem não pode ser visto nem tocado, as religiões institucionalizadas se colocam no papel de intermediárias, monopolizando o mercado das bênçãos.

2. Os dogmas como ferramenta de controle

As ideias de bem e mal são respaldadas pelos dogmas de cada religião apresentados como certos e indiscutíveis. Já que são tidos como orientações divinas para conduzir os homens à salvação. Porém são facilmente distorcidos para justificar atos desumanos e até mesmo para declarar guerras.

A história é recheada de fatos onde os dogmas religiosos foram e são adaptados para justificar atos desumanos e espalhar medo na humanidade. Tivemos a inquisição, comandada pela Igreja Católica como forma de ditar o que seria do bem ou do mal. Temos atualmente a distorção do islamismo para justificar uma guerra que controla e mantém, ou por fé cega ou por medo, uma população sob domínio.

*A **reencarnação** é vista como um **princípio de justiça divina** para que os **homens** tenham a **oportunidade** de **renascer** e rever seus erros.*

O contraditório é presente em quase todas as instituições religiosas. Pois seus dirigentes não conseguem cumprir à risca o que pregam. Ou porque eles mesmos não acreditam, ou porque criam tais regras ou verdades conscientemente como ferramenta de poder, pois acreditam que algum humano tem mais direitos ou até mais poder que o próprio divino a quem dizem servir ou representar.

A crença de que alguns humanos têm mais poder do que o divino não é de hoje. A ideia de poder absoluto capaz de ditar o que a grande maioria da população deve acreditar e como deve agir, para assim assegurar que essa crença não afronte o comportamento dos que exercem o domínio e esses possam continuar agindo como melhor lhes convêm.

Um exemplo é o tema da reencarnação na Igreja Católica. Até meados do século VI, o Cristianismo aceitava a reencarnação, algo que a cultura oriental já tinha como um fato. A reencarnação é vista como um princípio de justiça divina para que os homens tenham a oportunidade de renascer e rever seus erros.

Essa crença, segundo consta, foi abolida no segundo Concílio de Constantinopla realizado em 381 d.C., por uma decisão política para atender às exigências do Império Bizantino, baseada no pedido da poderosa Teodora, esposa do Imperador Justiniano, que era uma escravocrata muito desumana e preconceituosa, que temia reencarnar como uma escrava negra.

O fato de os súditos e escravos acreditarem na reencarnação era como se ela também sofresse algum tipo de controle ou desse a eles a ideia de que seus atos algum dia poderiam serem punidos. A ideia da ressurreição e do juízo final, que substituiu a da reencarnação, funcionou como uma esperança para os que sofrem, bem como um desestímulo para os que poderiam querer se rebelar, pois aos que sofrem é reservado o reino dos céus.

3. A fé a serviço do poder

As instituições religiosas que mantêm para si os direitos da comunicação com o divino usam das mais diferentes táticas para manter a ignorância estimulando a falta de conhecimento por meio da ideia de que o que está posto pela igreja não pode ser questionado, pois, ao fazer isso, o fiel estaria incorrendo em grave pecado por falta de fé.

__Quanto mais crentes__ em um __Deus__ que __pune__, mais __controlável__ é um __povo__.

A chamada fé cega que resulta de todos os mecanismos de crenças instituídos é capaz de auxiliar até mesmo os mais perversos interesses. A ideia de que um homem religioso é sempre um homem de bem, e que deseja o bem, ainda produz efeitos na grande massa. Basta que sejam usados termos ou frases bíblicas para que muitos acreditem que se trata de alguém acima de qualquer suspeita. Que seus interesses são nobres, mesmo que suas atitudes já tenham se mostrado duvidosas. Essas palavras funcionam como uma camada de chocolate sobre uma fruta podre ou um bolo estragado.

O princípio é sempre o mesmo desde os eventos da inquisição e outros tantos. Suas atitudes, por piores que sejam, passam a ser aceitas em nome de Deus. Qualquer coisa, como fazer apologia a armas e à guerra, matar, excluir, segregar, silenciar, desde que em nome de Deus, passa a ser justificável.

Quanto mais crente em um Deus que pune, mais controlável é um povo.

4. Novos seres, novas "verdades"

Se buscarmos nos conhecimentos mais antigos, percebemos que o ser humano sempre teve a capacidade de lidar com o mundo que o cerca usando de suas percepções e atributos inatos. A simbiose da natureza e de todos os seres que a compõem, incluindo o homem, é que assegura a subsistência e os recursos necessários para que a vida siga seu fluxo.

Em cada época, sempre existiram os chamados sábios, aqueles que detinham maior conhecimento ou tinham a capacidade de assimilar melhor esse conhecimento para criar as condições adequadas para a vida humana na Terra. Desde o uso de plantas para cura e alimentação à criação de mecanismos que facilitassem os afazeres diários ou trouxessem maior segurança contra os perigos de cada tempo.

A verdade é que sempre que alguém com dons especiais aparecia e esses dons podiam de alguma forma ameaçar as estruturas de poder, colocando em xeque as chamadas verdades incontestáveis, e desestruturando o modelo de crença imposta pelas igrejas por meio dos seus dogmas, logo era desencadeado um movimento para ocultar ou desqualificar. Quando as palavras não se mostravam eficientes, outras ações eram postas em prática.

Como exemplo, a perseguição ao que chamavam de bruxas ou bruxos, que nada mais eram que seres que desenvolveram capacidades inatas de domínio de forças da natureza, que por suas habilidades diferenciadas se tornaram os alvos do movimento da "Santa Inquisição". Foi um dos movimentos que marcaram a história da humanidade, com rituais bárbaros em nome da purificação, com a justificativa de que estavam livrando o mundo da presença e influência do demônio.

Ainda hoje, em pleno século XXI, na maioria da população, embora já tenha se desvencilhado de muitos preconceitos e a pluralidade religiosa seja bem maior, encontramos muito preconceito e inúmeras tentativas de desqualificar qualquer coisa que não tenha na chamada ciência acadêmica uma base de comprovação, ou que uma religião possa atestar como sendo algo divino ou do bem. Os chamados milagres. Portanto, é tênue a diferença da compreensão entre milagre e bruxaria. São temas sensíveis e as interpretações podem ser diversas.

Eu mesma tenho dificuldade de falar sobre esse tema. Estou me cercando de cuidados para não parecer ignorante ou sensacionalista. A execração de quem ousa tratar de coisas que não são aceitas ou que ainda não foram comprovadas infelizmente ainda é um fato.

A humanidade estabeleceu como aceitável apenas aquilo que aparece no que chama de "seu devido lugar". Falar de religião e de poderes sobrenaturais em um livro para liderança certamente soa, no mínimo, estranho. Nós nos acostumamos com as divisões estabelecidas, onde o mundo do trabalho, envolto pelo mar da competitividade e do materialismo, não se mistura com assuntos abstratos. Estou consciente de dizer aqui que devemos desacelerar os processos de produção e venda, que o modelo predador e as estratégias de marketing e venda até hoje tão bem-sucedidas neste modelo de mercado não servem mais, pois são inadequadas na busca de equidade, capaz de levar a humanidade à conquista da paz e da tranquilidade, vai parecer heresia.

Deixei para tratar aqui de várias características trazidas por essa nova geração ou esses novos seres humanos do terceiro milênio com cérebro do quarto milênio que não param de chegar. Talvez até pela minha insegurança, pautada por todas as crenças que alimentei a maior parte da minha vida, que me levam a acreditar que para a maioria também é difícil lidar.

Mas, por outro lado, não falar sobre isso faria perder o propósito deste livro, que é o de incentivar a reflexão e estimular a busca por novos conhecimentos que saiam do comum, como um caminho capaz de nos levar a outro destino e não a este, que muitos apontam como catastrófico. Penso que o que vou trazer aqui pode funcionar como uma pequena fenda por onde possamos vislumbrar outro mundo com outras bases.

Os seres humanos que estão chegando, os que já chegaram e os que ainda estão por vir trazem consigo novas VERDADES, as quais não podemos mais ignorar nem esconder, como fizeram as gerações passadas.

Se as religiões, muitas que ainda resistem na defesa de seus dogmas, tentarem queimar esta realidade como fez a inquisição, terão que incendiar o planeta.

A Geração 3000 é formada por seres humanos com capacidades psíquicas ou percepção extrassensorial. Muitos deles apresentam as mesmas habilidades que já foram motivo de condenação pelas igrejas, tidas com heresia, influência do mal, entre outras denominações que pudessem justificar os atos para contê-los.

Se as ***religiões****, muitas que ainda* ***resistem*** *na* ***defesa*** *de seus* ***dogmas****, tentarem queimar esta realidade como fez a inquisição, terão que incendiar o planeta.*

Essas habilidades vêm sendo observadas há muito tempo e por diversos profissionais das áreas da medicina, psicologia, educação, assim como por pais, avós e cuidadores. E esses jovens e crianças não são mais tidos como do mal. Mas têm sido diagnosticados e medicados como se as suas habilidades fossem anomalias a serem tratadas. O que não deixa de ser uma espécie de mordaça para que esta realidade não ecoe e muitos dos dogmas da ciência precisem ser revistos.

Dr. Patrício Pérez Espinosa escreve:

> *Os fenômenos paranormais de hoje, na verdade, são muito normais nas crianças e jovens da nova geração, especialmente nas crianças pequenas, devido ao aumento de percepção e consciência global.*
>
> *(PAYMAL, 2008)*

Essas constatações têm sido feitas já há vários anos, antes mesmo que o termo "índigo" tenha sido divulgado. Há notícias de que a China estuda essas novas características desde anos 1970 e que as mesmas características foram notadas em outros países, como os Estados Unidos, Bulgária, Rússia, Equador, Brasil, Índia, entre outros, incluindo nascidos em comunidades indígenas nativas. (PAYMAL, 2008)

Essa é uma prova do quanto tememos uma realidade que possa afrontar os modelos econômicos e as estruturas de poder que conhecemos, pois ambos estão interligados. Sinais tão claros de que algo importante está acontecendo com a nossa própria espécie. Não é divulgado nem incentivado o seu estudo com a mesma normalidade que se divulga e incentiva estudos voltados para as mutações e manipulações genéticas de plantas e animais, realizados em uma clara tentativa de controle da própria natureza para fins comerciais, a exemplo dos transgênicos.

Essas crianças e jovens são detentores de faculdades extraordinárias, relatadas por aqueles que se dedicam a observá-los e entendê-los sem julgamentos, e que reuniram informações sobre os comportamentos mais comumente encontrados, dentre os quais estão:

*Essas **crianças** e **jovens** são detentores de **faculdades extraordinárias**, relatadas por aqueles que se dedicam a observá-los.*

- Responderem antes que a pergunta lhes seja feita;
- Saberem com antecedência sem que ninguém lhes diga que alguém vai chegar;
- Quase todos, em graus diferentes, têm contato com entidades em outros níveis, incluindo pessoas que já morreram;
- Conseguem saber à distância se alguém mexeu em seus pertences;
- Comunicam-se com animais, especialmente golfinhos e baleias;
- São curadores, especialmente no que diz respeito ao emocional de adultos; conseguem perceber claramente os campos de energia e os sentimentos das outras pessoas, como: raiva, tristeza, mentira e decepção.

Essa última qualidade é encontrada em quase todos, proveniente da inteligência emocional superdesenvolvida. Segundo esses profissionais, isso parece não ser uma capacidade psíquica, mas empatia ligada de alguma forma ao hemisfério cerebral direito.

Os principais talentos psíquicos dessas crianças e jovens (eles são chamados de habilidades psíquicas ou percepção extrassensorial) são:

- “**Clariaudiência:** capacidade de obter conhecimento por meio de sons ou vozes, sem envolver o sentido da audição externa.
- **Clarividência ou telestesia:** capacidade de descobrir um evento que está ocorrendo em outro lugar. Clarividência não é apenas ter uma visão extrassensorial sem aplicar o sentido da visão, é também ter intuições sem qualquer imagem. A clarividência pode ser pós-cognitiva (chamada retrocognição), quando se refere a um evento ocorrido no passado, e precognitiva, se o evento vai acontecer no futuro (chamado de precognição ou premonição).
- **A bilocação ou bicorporeidade:** esse é o nome do fenômeno pelo qual um sensitivo pode aparecer visível em outro lugar e ser visto por outras pessoas como se fosse real. Ou seja, o corpo está em dois lugares ao mesmo tempo, ou em vários lugares ao mesmo tempo (multilocação).
- **Escrita automática ou psicografia:** fenômeno que produz um sensitivo chamado de psicógrafo ao escrever uma mensagem que deveria ser transmitida pelos espíritos, ou ao expressar clarividência ou precognição por meio da escrita.
- **Materialização e desmaterialização:** é o fato de fazer algo material aparecer do nada. Desmaterialização é o oposto, fazer algo desaparecer do nada.

- **Ler com a mão:** ação de ler com a mão e/ou outras partes do corpo, sem a intervenção dos olhos físicos, ou seja, com os olhos vendados.
- **Projeção astral:** também chamado de experiência fora do corpo físico. Estar presente em outro lugar, sem seu corpo físico.
- **A percepção da aura:** percepção dos campos de energia sutil de outra pessoa, geralmente na forma, tipo de criança com olhos enfaixados, mas às vezes pode ser na forma de sons, uma sensação cinestésica (toque), um gosto ou um cheiro.
- **Psicometria ou criptestesia pragmática:** esse é o nome do procedimento pelo qual um sujeito obtém informações extrassensoriais sobre uma pessoa por meio de contato direto com um certo objeto (como uma joia, um lenço) que pertenceu a essa pessoa e/ou com uma foto dela.
- **Telecinesia ou psicocinesia:** essa designação é dada a movimentos de objetos produzidos pelo sujeito à distância e a todos os fenômenos de ação psíquica sobre a matéria, animada ou não, ou seja, em objetos físicos ou organismos vegetais ou animais.
- **Telepatia:** é a percepção extrassensorial de conhecer o conteúdo da mente de outra pessoa. Esse termo também é usado para descrever os fenômenos de comunicação voluntária entre duas mentes.
- **Teletransporte:** a ação de se encontrar em outro lugar ou tempo com seu corpo, quase instantaneamente.
- **Xenoglossia:** é o fenômeno pelo qual um sensitivo pode se expressar com palavras em uma língua que ele não estudou nem conheceu.
- ***Parazoogesis***: é a faculdade de comunicar-se com os animais." (PAYMÁL, 2008)

Diante de tantas características que sempre julgamos serem impossíveis ou se tratarem de charlatanice, (é bem verdade que algumas pessoas fazem uso desses expedientes para enganar e extorquir os outros que, desejosos por resolver problemas, se deixam enganar. Mesmo aqueles que, possuindo algum dom, optam por fazer mau uso dele. Baseados na crença predominante de que é necessário levar vantagem em tudo) a questão é que esses seres já estão sendo tratados como anormais ou deficientes. Mas aqui não se trata de anormalidade, mas de um aspecto evolutivo que precisa ser considerado. Há que se ter mais estudos e menos especulações, mais tranquilidade e menos desejo de enquadramento ao que entendemos por normalidade.

*Esses **seres já** estão sendo **tratados** como **anormais** ou deficientes. Mas aqui não se trata de anormalidade, mas de um aspecto evolutivo que precisa ser considerado.*

Todas essas características, descritas por diferentes profissionais, na época da inquisição seriam um testemunho inequívoco de bruxaria.

Mas e hoje, como a igreja encara esses novos seres humanos? Sendo que ao longo da história não houve meio-termo, ou eram encarados como santos ou como demônios. Os famosos milagres me parecem mais ação natural de seres com capacidades curadoras desenvolvidas que, se tivermos tranquilidade e sabedoria para não julgar, com o tempo serão seres normais, pois quase todos terão o poder de curar e se autocurar.

As crianças que curam

Observa-se que, em graus diversos, alguns meninos e meninas de hoje, além de serem médiuns, eles possuem naturalmente dons de cura. Quer dizer, essas crianças possuem o talento inato para curar os outros física, emocional, psíquica e até espiritualmente. Eles também podem curar plantas, animais e lugares. Seus métodos de cura são metafísicos e respondem às leis de origem espiritual. Também não é surpreendente que eles se curem, sendo capazes de regenerar ossos e pele, por exemplo.

Trigueirinho

Instrumentos no sentido espiritual, ou seja, são capazes de transmitir força e energia de cura transcendental. Esse poder é expresso como radiação. O verdadeiro curador espiritual é alguém que está em contato com os níveis superiores de consciência. Ele produz ao seu redor um campo magnético que inclui todos e tudo, sem distinção. E cada um recebe as realidades sutis de acordo com sua receptividade.
Trigueirinho

Não estou aqui tentando desqualificar ou desrespeitar a fé de quem quer que seja. Mas sim chamar a atenção para uma realidade que já tem sido tema de discussões feitas por profissionais respeitados e que nos mostram o quanto todas as instituições, independentemente do que ou quem elas representem, necessitam repensar as suas posturas e os seus postulados.

*Os **novos** seres **humanos** requerem **novas** **verdades**, porque trazem em si uma verdade inerente àquilo que veem e sentem.*

Os novos seres humanos requerem novas verdades, porque trazem em si uma verdade inerente àquilo que veem e sentem. Não uma verdade pregada por outros. E, me parece, por maior que possa ser o esforço para não aceitar, essa verdade virá à tona, como já está vindo. O crescente número de crianças e adolescentes diagnosticados como esquizofrênicos e com outros males mentais é um sinal de que algo está mudando, não apenas que está errado. O modelo mental que construímos (e as crenças que permeiam esse modelo) é baseado no materialismo que não admite nada fora dele. A ignorância da ciência tradicional começa no ponto exato onde as coisas não são mais visíveis e palpáveis.

Porém, se observamos os depoimentos de pais de crianças autistas, é recorrente a fala do quanto são sensíveis, amorosas e não admitem a falta de verdade. Isso seria uma anomalia? Mais me parece um sinal de normalidade do que de deficiência. Serão esses seres os deficientes ou somos nós os incapazes de construir outro modelo de relação com o mundo?

A VERDADE VOS LIBERTARÁ

> *Devemos duvidar para pensar e pensar para chegar a um conhecimento verdadeiro.*
>
> ***René Descartes***

Estamos vivendo em um mundo caótico, pois embora possamos admitir o quanto evoluímos tecnicamente trazendo para as nossas vidas facilidades antes nunca imaginadas, também instituímos um modelo o qual a maior parte da população não alcança ou não consegue usufruir integralmente dessas melhorias. Enquanto raça humana, não vivenciamos de fato valores fundamentais que são pregados pelas religiões e por entidades de direitos humanos: igualdade, fraternidade e amor. A nossa postura os coloca em um patamar que não passam de discursos ou sermões, que pouco efeito prático produzem.

É bem verdade que vemos muitas ações humanitárias pelo mundo, dignas do nosso respeito e admiração. Pois sempre que alguma tragédia acontece há grande mobilização e muitas pessoas se solidarizam e tentam auxiliar. Porém são ações apartadas dos modelos sociais e econômicos vigentes. Estão longe de pôr um fim aos extremos. Tudo tem um valor monetário, um preço maior que o valor que deveria ter a vida humana.

Se, como disse Descartes, precisamos duvidar para pensar e pensar para chegar a um conhecimento verdadeiro, o meu convite é para que, quando duvidarem, não fiquem paralisados ou tenham como única ação a negação. Pensemos e busquemos juntos a verdade. Pois esses seres humanos não são uma invenção, eles já estão entre nós. Ter um olhar cuidadoso e carinhoso para eles é como abrir uma pequena fresta por onde a luz possa entrar para provar a inexistência da escuridão que tem sido anunciada por muitos para o futuro da humanidade.

> A verdade não apenas liberta, ela funciona como um facho de luz que é capaz de iluminar e mostrar novos rumos.

CAPÍTULO 08

A Geração 3000 e o papel do Estado

Como deve o Estado se posicionar diante da constatação de mudanças tão profundas nas crianças e adolescentes de hoje?

Sendo o Estado formado por um conglomerado de normas e regras regidas pelo que chamam de corpo de lei, que determina o modo como devem funcionar as demais instituições, como a família e a escola, entre outras. Ele depende da ação dessas instituições para existir. Pois são elas que promovem a socialização em primeiro plano para que a população compreenda as regras e normas e passe a segui-las.

O Estado, como detentor da prerrogativa de determinar o modo que a sociedade deve se portar, é que cria os mecanismos de controle e cobrança para fazer com que se cumpram as leis.

O discurso é que as leis e normas são criadas para defender as pessoas. Porém elas existem, acima de tudo, para garantir que o modelo político ideológico adotado se sustente. Cada país dita suas leis e constrói seus mecanismos de controle baseado no que os grupos que estão no poder entendem como certo, ou que acreditam que possa garantir a sustentação da ideologia que tentam fazer valer. Nem sempre contempla a vontade da maioria, mesmo nos regimes democráticos ou socialistas que pregam, seja essa a intenção.

A palavra política tem sua origem no grego, vem do termo politiké, ou "polis", que significa cidade, e tikós, que se refere a tudo o que é público, os bens comuns dos cidadãos. A política na sua origem tem três pilares que a sustentam: a resolução de conflitos, a tomada de decisão, e o poder.

As decisões deveriam ser tomadas somente após negociar e ter a aprovação da maioria sobre o tema que se quer regulamentar, e com isso resolver possíveis conflitos que possam existir, ou prevenir futuros conflitos. Mas para que uma decisão tomada possa representar realmente a maioria, antes seria necessário construir as bases a partir da educação. A ela se pressupõe ter o papel de preparar o indivíduo para que ele tenha condições de analisar todos os aspectos com isenção. Porém, como a educação é falha nesse sentido, faz com que essas decisões sejam por vezes duvidosas e desastrosas.

A política quase nunca foi exercida na sua essência. No passado, os mais fortes estabeleciam as regras e as faziam valer pela força bruta. O ditado "manda quem pode e obedece quem tem juízo" tem sua origem nas imposições históricas.

Atualmente, os mecanismos são outros. Os poderes instituídos, os sistemas de direitos, as religiões que existem para sustentar a ideologia central são compostos e administrados sempre pelos mesmos. Em uma simbiose sistêmica, que por meio dos seus códigos e convenções, muitas vezes não explícitos e formais, dão o tom do que é permitido ou não. A ideia de autoridade é ensinada desde cedo para as crianças, começa na família, depois na escola e mais tarde no trabalho. Todas essas estruturas sociais agem em cadeia, fazendo com que sejam assimilados desde bem cedo o que é permitido e o que passível de condenação.

*Se todos **somos iguais** perante a **lei**, por que, por exemplo, uma lei já existente contra agressão não consegue assegurar a proteção de todos?*

> Os indivíduos vão absorvendo e construindo um modelo a partir do que captam, e quando não constroem por conta própria, de alguma forma são obrigados a fazê-lo. Sabem que necessitam desse modelo para se orientarem e até mesmo para subsistirem.

As constituições de cada país, chamadas de leis magnas, de onde emanam as leis maiores, são o produto de um conjunto de crenças vindas daqueles que estão no momento no poder. A constituição brasileira, em seu artigo 5°, diz: "Todos são iguais perante a lei, sem distinção de qualquer natureza".

Porém é frequente a necessidade da criação de leis para tentar proteger as pessoas de diferentes grupos. A exemplo das mulheres, idosos e crianças. Se todos somos iguais perante a lei, por que, por exemplo, uma lei já existente contra agressão não consegue assegurar a proteção de todos?

Como deve o Estado se posicionar diante da constatação de mudanças tão profundas nas crianças e adolescentes de hoje?

Serão criadas leis para protegê-los ou para enquadrá-los em um padrão, segundo o qual aqueles que estão no poder entendem que é certo e errado a partir das suas crenças, sejam elas religiosas ou morais? Continuarão tentando impor padrões do tipo: meninas vestem rosa e meninos vestem azul? Irão seguir usando as estruturas de poder para ditar regras que estejam de acordo com essas crenças, que servem a grupos específicos, estando longe de contemplar toda a "polis", mesmo que isso possa representar uma agressão às mentes de seres que pensam e veem o mundo com outros olhos e que continuarão sendo cidadãos nos países em que nascerem?

Como deve ser e agir um legítimo representante de uma sociedade de seres com capacidades e inteligência tão diferenciadas que não aceitam mais as mesmas explicações?

Se estamos diante de seres humanos que agem e pensam de formas tão diferentes, que não estão mais dispostos a aceitar e seguir cegamente os rumos ditados como acontece atualmente, a serviço de quem deve se posicionar o líder nesse novo cenário?

*O **mundo terá** que **continuar** se **reinventando,** e cada vez de **forma mais ágil**.*

A partir do evento da pandemia da Covid-19, criou-se o termo "novo normal", que tenta definir ou estimular um estado de aceitação para um novo modo de agir de toda a sociedade em busca de proteção contra o contágio. Pois a partir dele o mundo passou a adotar novos comportamentos, e muitos deles devem permanecer. Deixando claro para a humanidade que, mesmo diante dos mecanismos que irão controlar o contágio, o mundo não será mais o mesmo.

Que muitas das mudanças que foram implementadas durante esse período serão permanentes. Muito do que mudou, que agrada a uns e desagrada a outros, permanecerá. O mundo terá que continuar se reinventando, e cada vez de forma mais ágil.

As transformações trazidas pelo estado de pandemia são uma amostra, é quase como um estágio preparatório para ingressar em um mundo da Geração 3000, de seres humanos que já estão provocando mudanças e que continuarão a transformá-lo.

Falamos dos avanços tecnológicos, desassociando-os dos humanos que os produziram, como se esses inventos tivessem vida própria e que são eles que dominam a humanidade, e não alguns humanos que tiveram a capacidade para criá-los. Portanto, a tecnologia é um mecanismo que funciona de diferentes formas com total capilaridade, mas continua sendo ferramenta que depende de humanos para manuseá-la. A humanidade vem em um ritmo acelerado de transformação, que começou a ganhar impulso já nos anos 1950 com a geração de transição, mantendo essa aceleração e ganhando cada vez mais velocidade.

A julgar pelas mentes recheadas de crenças de quem ainda determina os rumos da sociedade, conduzidas ao poder por sistemas viciados, temo que a Geração 3000 terá que enfrentar muitos desafios antes que possa estar na condição de escolher novos rumos.

O que não podemos mais ignorar é que hoje o Estado encontra-se muito desgastado, embora alguns países sejam considerados mais evoluídos. Quando dizemos que um país é mais evoluído, essa avaliação leva em consideração, acima de tudo, o desenvolvimento econômico, que é fundamental, mas ele por si só não garante o bem-estar e a felicidade do ser humano. Exemplo disso é o elevado número de suicídios em países classificados como de primeiro mundo.

O exercício do poder requer mais que cuidar da economia. Há que se questionar para que, e para quem. O poder deve ser entendido como um "ato de instituir", e como tal, não pode prescindir de um entendimento mais amplo, proveniente do sentido etimológico da palavra em latim *instituere*, que quer dizer estabelecer, construir, preparar, dispor, instruir, educar e formar.

Mas quando se estabelecem as regras. Ou seja, as leis. O que mesmo elas irão ajudar a construir? Que tipo de educação e formação necessita a sociedade para que essas leis tragam resultados positivos para a ampla maioria? Que leis poderão contemplar uma diversidade de mentes que já não funcionam mais dentro dos padrões estudados pelas áreas da psicologia e psiquiatria, entre outras?

Ao Estado não compete apenas a criação de leis, mas, acima de tudo, prover as condições para o funcionamento da sociedade. Temos assistido à falência dos sistemas de saúde, moradia e educação.

Diante da pandemia, não foi só o sistema de saúde que entrou em colapso na maior parte do mundo. A educação é outro setor que há anos vem agonizando e também está em colapso. O que antes já era deficitário, quando houve a necessidade da adoção do modelo *on-line*, onde a grande maioria de professores não apresenta habilidades para lidar com a tecnologia de forma produtiva, tornou-se ainda mais pobre. Foi tomada pelo susto de que esses equipamentos e *softwares* não servem apenas para interagir nas redes sociais.

O que fazer diante de um contingente de "educadores" que não domina as ferramentas básicas para fazer contato com seus alunos, quiçá dominar e fazer uso adequado delas para conseguir dar uma aula que atraia a atenção desses alunos, quando eles estão acostumados com outros canais, com diversidade de conteúdos e ricos em estratégias, que literalmente com a ponta dos dedos se deslocam de um tema a outro e têm o poder da escolha. Esse é o mundo que pertence a eles.

Que fará o Estado diante do enorme desafio de resolver o básico, que há muito já vinha devendo à população, se agora para garantir alguma transformação que de fato garanta um futuro com o mínimo de condições necessita rever o que fazer, pois deve estar alinhado para quem fazer. E esse "quem" é a Geração 3000, com todos os seus atributos e capacidades que sequer imaginávamos existir.

Não há fórmula mágica, nem respostas prontas ou fáceis. Tudo o que temos é um chamado para buscar novos caminhos para um novo pensar.

Para isso, necessitamos de um Estado formado por pessoas que estejam dispostas a se reinventar para criar novos rumos.

CAPÍTULO 09

Meio ambiente. O que a Geração 3000 vai herdar

Nossas ações não apenas afetam diretamente outras espécies como a nossa própria espécie.

Vivemos há centenas de anos mergulhados em um sistema destrutivo. A ideia de que ao homem foi dado o direito de dominar a Terra e todos os seres, encontrada em Gênesis (Gên.1.28-31) e professada por muitas crenças religiosas, foi interpretada de forma tão errônea, que tem levado a grandes destruições.

O meio ambiente é entendido como um conjunto de fatores físicos, químicos e biológicos que permite a vida em suas mais diversas formas. O jeito com que o homem lida com esse conjunto de fatores parece não se inserir nele.

O ser humano age como se não fizesse parte desse sistema. Parece não conseguir fazer a correlação, em que tudo o que afeta o ecossistema, afeta toda a intrincada teia da vida, incluindo o próprio homem. Ser superior não o isenta das consequências. Pelo contrário, o torna responsável.

A vida na Terra tem sofrido muitas perdas. Muitos dos ecossistemas estão em colapso. A ONU alerta que um milhão de espécies estarão em risco de extinção nos próximos anos, devido à atividade humana, com graves consequências para os seres humanos e o restante da vida na Terra.

As evidências são bastante claras: a natureza está em apuros. Consequentemente, nós estamos em apuros, diz Sandra Díaz, uma das copresidentes do Relatório Global de Avaliação da Biodiversidade e Serviços Ecossistêmicos.

(NATIONAL GEOGRAPHIC, 2019)

Os eventos climáticos são a manifestação mais clara dos impactos da ação do homem no planeta. Os impactos desses eventos na ecologia, mas também sobre a própria raça humana, são inegáveis.

Tudo está associado ao modo de vida que adotamos como raça humana. Produzimos alimentos, agasalhos e moradias sob a óptica financeira e não pela óptica do bem-estar humano e do suprimento das necessidades enquanto seres que sentem fome, frio e necessidade de proteção contra as intempéries. Tudo é negócio antes de ser uma atividade para preservar a vida e torná-la mais leve. Alcançamos um nível de conhecimento tecnológico e científico que já seria capaz de abolir o termo "luta pela vida", quiçá o termo "luta pela subsistência". Não deveríamos mais ter no planeta tantas pessoas que têm que implorar por um prato de comida, por um pedaço de pano para cobrir o corpo ou por um teto para se abrigar.

Basta olhar para a escalada cada vez maior nos números da produção de alimentos e outros insumos. As metas de vendas e lucratividade das organizações seguem a lógica de ser sempre maiores a cada ano. E o são. Realidade que deixa exposta uma verdade que deveria nos envergonhar. O fato de sermos os únicos animais do planeta com inteligência suficiente para criar todos os recursos de que necessitamos e muito mais. E de transformá-los e melhorá-los para facilitar a vida na Terra. Só que fazemos isso de forma egoísta. O acúmulo da riqueza advinda das chamadas atividades econômicas e financeiras é um dos fatores vergonhosos, onde segundo estudos apenas 2.153 (duas mil cento e cinquenta e três) pessoas, os chamados bilionários, acumulam mais riqueza que a soma das riquezas de 4,6 bilhões de pessoas do planeta, cerca de 60% da população mundial. Esses são dados do relatório da Oxfam - Comitê de Oxford para Alívio da Fome e publicados no site Poder 360 no ano de 2020 no artigo intitulado “Bilionários têm mais riqueza do que 60% da população mundial”.

O acúmulo da riqueza das chamadas atividades econômicas e financeiras é um dos fatores vergonhosos, ***apenas 2.153 pessoas acumulam*** *mais* ***riqueza*** *que a soma das riquezas de 4,6 bilhões de pessoas do* ***planeta****.*

Nossas ações não apenas afetam diretamente outras espécies como a nossa própria. As atividades econômicas voltadas para a produção de alimentos no mundo, em especial os de proteína animal, ao mesmo tempo que produzem “alimentos” que deveriam saciar a fome da humanidade, têm levado ao seu aumento, pois a lógica produtiva tem por base o financeiro e não o humano, que dirá a vida como um todo, incluindo o ecossistema, que, sem o seu equilíbrio, a vida se torna inviável.

Os inúmeros conhecimentos produzidos ao longo da história, em especial aqueles que dão sustentação ao modelo social e econômico adotado, que vão desde os conhecimentos sobre nutrição e saúde aos da psicologia utilizados para estudar o comportamento humano, que são usados para manipular e vender, estimulam e criam crenças difíceis de serem revistas.

A ideia de que a proteína animal é essencial para que tenhamos uma alimentação equilibrada é tão capilarizada e arraigada que não deixa espaço para a sua substituição e nem mesmo para que se questione a sua real necessidade.

A carne, em especial a bovina, é o item do cardápio que serve como balizador, o que define o poder aquisitivo de quem consome. Virou sinal de abundância. Comer carne todos os dias, e se possível em grande quantidade, virou um sinal de que as condições econômicas de quem tem esse hábito são boas. A verdade é que ninguém adoece nem morre por não ingerir carne. A proteína pode ser encontrada e obtida de outras fontes. Mas como dizer isso sem ser severamente atacado pela engrenagem que tem suas bases econômicas nas atividades da pecuária, suinocultura e avicultura? Embora estudos tenham mostrado o quanto essas atividades são degradantes.

Quem produz e vende a partir dessas atividades jamais vai admitir ou querer que seja amplamente divulgado o que está por trás de um prato à base de carne. Quais os danos causados à VIDA até que ele chegue à sua mesa, ou o que de fato chega às mesas. O que se vê, para os apreciadores, é um lindo pedaço de carne. Mas se pudéssemos ver o que está ali, talvez até mesmo nós, que crescemos estimulados a ter esse hábito alimentar, o rejeitaríamos. Acredito que podemos dizer que o que chega às mesas não é apenas carne, mas sim o resultado das chamadas engenharias genéticas, cujos efeitos na saúde humana não estão claros, embora seus defensores afirmem que nada há para temer. Mas podemos afirmar que, em cada pedaço de carne que ingerimos, estamos também ingerindo a morte de milhares de espécies, desde micro-organismos a espécies vegetais, insetos, animais e aves. Ou seja. Estamos ajudando a matar a Terra e a vida que pulsa nela, de garfada em garfada.

*Estamos **ajudando** a **matar** a **Terra** e a vida que pulsa nela, **de garfada em garfada.***

Os impactos dessas atividades têm sido alvo de várias pesquisas, a exemplo das realizadas pela Organização das Nações Unidas para Alimentação e Agricultura (FAO). Vários desses estudos apontam o tamanho da degradação do meio ambiente para sustentar essas atividades, que vão desde o desmatamento ao uso excessivo dos recursos hídricos, contaminação do solo e eliminação de gases de efeito estufa. São tantos os danos causados que, em cadeia, podemos dizer que são bombas sendo disparadas em sequência, que explodem, mas que têm seus ruídos abafados pelos interesses econômicos dos que detêm o controle das cifras. Porém seus danos estão se tornando visíveis, e mesmo assim não são assumidos por quem de fato os provoca. Pois enquanto nós, os consumidores, não nos conscientizarmos em massa desse desastre, nada irá mudar espontaneamente.

A cada dia que passa, a vida no planeta está sendo ameaçada, o número de pessoas sem acesso à alimentação em quantidade e qualidade suficientes não diminui. A fome no mundo é mais um tema dos discursos políticos para alimentar a permanência desses mesmos governantes no poder. Serve apenas de bandeira político-partidária e não de base para a estruturação de políticas sociais efetivas.

Segundo o biólogo e ativista Sérgio Greif, "não há déficit na produção de alimentos, pois são produzidas cerca de 1,5 quadrilhão de calorias a mais do que seria necessário para sustentar a população" (Tarisik, 2019). Todo o consumo de matéria vegetal, como milho, soja e sorgo, dentre outros, que são utilizados para alimento animal, poderiam ser utilizados para alimentar o ser humano, sem precisarem se transformar em carne.

> A verdade é que, se nada for feito, a Geração 3000, formada por seres mais sensíveis – muitos já nascem rejeitando esse tipo de alimento –, apesar da sua consciência mais ampliada, não terá um planeta onde viver e agir de forma diferente.

A chegada, cada vez em maior quantidade, de seres humanos com uma consciência ampliada e com estruturas neurofisiológicas diferenciadas, levará à mudança de muitos hábitos, bem como à mudança da relação com o planeta. O que devemos neste momento nos questionar é: a que preço isso vai acontecer, já que o modo de vida que adotamos e as estruturas que o mantêm estão fortemente arraigadas? Não seria mais inteligente da nossa parte reaprender com as evidências e adotar um novo modo de vida antes que seja tarde, ou que sejamos forçados pelas consequências que mais cedo ou mais tarde irão nos alcançar?

Uma nova consciência tende a mudar a relação que a humanidade tem com o planeta. A questão é: como isso vai acontecer? Infelizmente não parece que será de livre e espontânea vontade dos humanos em geral. Até porque a chegada de uma nova humanidade não é estanque. E, mesmo esses novos seres humanos, muitos ainda serão envoltos por esse modo de vida já estabelecido. A falta de compreensão, de clareza dos fatos, torna confusa a relação humana, e isso é capaz de confundir as mentes, mesmo dos que têm uma consciência diferenciada.

> Toda mudança passa pelo estágio de aceitação e o que foge à normalidade, o considerado ou tido como anormal, é comumente rejeitado. E a intensidade dessa rejeição está associada ao quanto isso pode afetar os que detêm o poder, em especial o econômico.

A atitude primeira é a desqualificação. Quando falamos de hábitos alimentares, o vegetarianismo e o veganismo, estes são vistos por muitos como impróprios, como coisa de gente esquisita, radical, entre outras denominações. Inclusive muitos profissionais de nutrição presos aos conhecimentos que lhes foram passados nos bancos universitários defendem a necessidade do consumo de proteína animal e não veem possibilidade de substituição.

Mesmo as mentes mais brilhantes preferem pensar em encontrar outros planetas habitáveis como solução para a sobrevivência da raça humana do que pensar em formas de mudar os conceitos que sustentam o modo de vida da humanidade.

Parece ser mais fácil achar no universo outros espaços para continuar a destruição do que mudar a consciência dos que aqui habitam. Essa é uma prova do tamanho do egoísmo de alguns humanos e da falta de visão sistêmica.

Ítalo Calvino, no seu livro *Seis lições para o próximo milênio* (1990) ou *Seis lições americanas*, publicado depois da sua morte, fruto do que havia preparado para a conferência em Harvard no ano letivo 1985/1986, fala de leveza, rapidez, exatidão, visibilidade, multiplicidade e consistência.

__Tudo__ o que é muito __pesado oferece resistência__ e __necessita__ de mais __força__ ou maior gasto de energia para se __deslocar__.

Penso que, se seguíssemos essas lições, poderíamos ter uma saída para os problemas da humanidade. A leveza faz-se necessária para podermos nos deslocar sem gerar ruído, sem ter que causar destruição para construir algo novo. A leveza também é um elemento que auxilia na velocidade. Tudo o que é muito pesado oferece resistência e necessita de mais força ou maior gasto de energia para se deslocar. E, nesse caso, a rejeição traz um peso enorme para a realidade que se apresenta, com os novos seres humanos que estão chegando cada vez em maior quantidade a este planeta.

Não fazemos mudanças rápidas quando as forças contrárias oferecem resistência. A demora pode trazer mais desgaste e novos problemas. A exatidão, tocar o ponto certo, saber no que mirar. Mas como agir de forma a ter maior assertividade se são tantas as cortinas de fumaça provocadas pelos interesses de uma minoria, que de forma egoísta prefere manter seus ganhos e seus privilégios, a permitir a ampla dignidade humana?

A resistência oferecida pelos interesses econômicos e políticos gera tantas confusões pelas inúmeras interpretações feitas com o intuito claro de se proteger e garantir os seus privilégios, que não permite que se tenha visibilidade dos fatos e dos pontos a serem atacados e trabalhados.

Para Ítalo, visibilidade é a capacidade de tornar visível os seus sonhos e desejos, evocando imagens concretas. Porém com tantos ataques a quem tenta mostrar a realidade, associados aos esforços para justificar as ações, mesmo as mais destrutivas essa somatória de ações contrárias, gera um estado de descrença que impede mesmo os mais otimistas de acreditar que seja possível mudar essa realidade. Todas as ações e teorias dos que defendem a manutenção das suas lucrativas atividades não levam em conta a multiplicidade de fatores e a inter-relação entre tudo o que existe, não apenas no planeta Terra, mas em todo o universo. Não é possível ter ações consistentes sem que se leve em conta toda essa inter-relação. Pois, qualquer que seja o ponto atingido, ele irá afetar todo o sistema, gerando desequilíbrio.

Se levarmos em consideração os talentos psíquicos, de grande parte dessas crianças e jovens, que compõem a Geração 3000, descrita por estudiosos do assunto, que citamos em vários capítulos deste livro, em especial no capítulo sete, como lidarão com o que transformamos este planeta?

*Correntes de **pensamentos** e **espiritualidade** **anunciam** a **chegada** de uma **nova era** com grandes **transformações** para o nosso **planeta**.*

A esperança é, pelo que tudo indica, que essa nova raça humana – os que compõem a Geração 3000, com suas habilidades e sua nova consciência – será capaz de agir com mais ética.

Correntes de pensamentos e espiritualidade anunciam a chegada de uma nova era com grandes transformações para o nosso planeta. Chico Xavier já nos dizia que estávamos no limiar de uma nova era. De uma era extraordinária se nos mostrássemos capazes coletivamente para recebê-la, mas com a dignidade devida.

Entre as muitas questões que são debatidas atualmente, que envolvem a ameaça ao meio ambiente e toda a vida na Terra, já há quem defenda que o consumo de animais transgrida a ética.

Essa é uma questão por demais polêmica, mas ela se baseia na compreensão e na noção de "senciência", que é a capacidade de sentir sensações presentes nos seres vivos, em especial nos animais. Para Greif, "é quase impossível considerarmos que vivemos em um mundo civilizado se ainda nos alimentamos da dor e do sofrimento de animais sencientes". Desqualificar essa capacidade ou não se importar com ela, como se fosse inferior à do ser humano, é uma clara demonstração de desumanidade, capaz de colocar em dúvida a nossa inteligência. A senciência, a capacidade de sentir sensações, coloca os animais na mesma posição que o humano, conferindo-lhes direitos, pois é o que os torna capazes de ter e demonstrar interesses próprios. Dá a eles o direito de viverem sem privações, como: serem confinados e submetidos aos desejos humanos que lhes provocam dor e sofrimento.

Para o filósofo alemão Arthur Schopenhauer (2018), "os animais não são artigos fabricados para o nosso uso", afirmou isso quando criticou o antropocentrismo, que considera o ser humano como o centro.

O fato de que muitas crianças já nascem rejeitando a ingestão de carne é um indicativo de que muito pode mudar e em breve. Minha esperança é: uma nova mente, um novo cérebro, que seja capaz de estabelecer um novo modo de sentir e de agir no mundo.

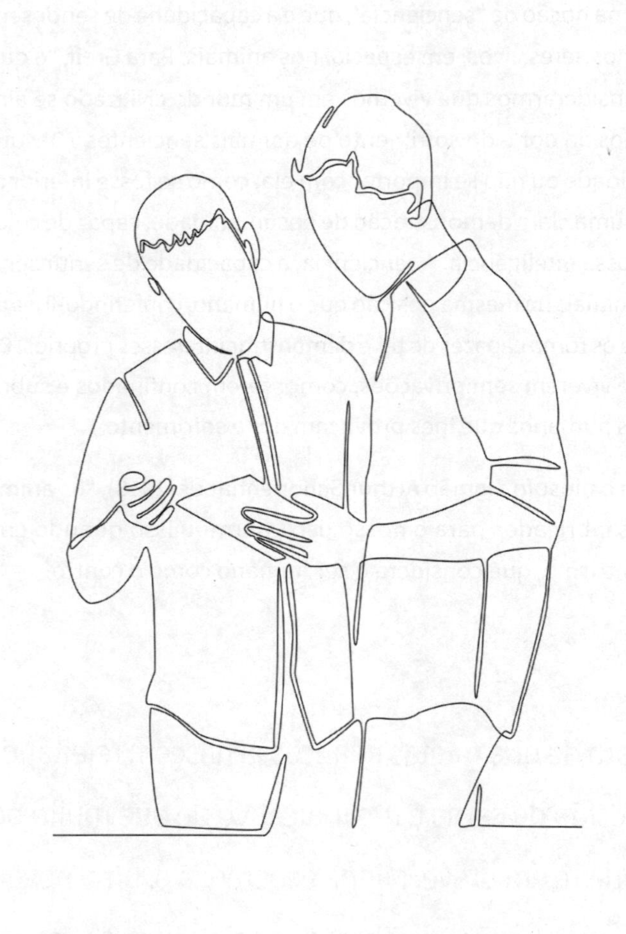

CAPÍTULO 10

Geração 3000 As lideranças e os desafios frente às novas gerações

As organizações, mais do que nunca, terão que desenhar e redesenhar os seus propósitos de forma a conseguir honrar com os valores que estiverem descritos em seus planejamentos estratégicos.

Em tudo e para tudo temos a tendência de indicar um modo de fazer e agir. Tentamos protocolizar tudo. Tentemos encaixar em algum modelo que possa justificar as ações como se isso nos protegesse. É quase como se fosse uma justificativa preestabelecida para os nossos atos.

Na liderança não é diferente. Encontramos inúmeros conceitos e modelos de lideranças e/ou denominações no que se refere aos perfis de líderes. Entre os mais conhecidos estão: autoritários, democráticos, liberais, coaches e estratégicos. São conceitos que ajudam na compreensão das diferentes posturas, apontando qual a tendência ou comportamento central da liderança em questão. Todavia, devemos tomar o cuidado para não criar estereótipos baseados em situações pontuais. Quanto mais diversa é a equipe, maior deve ser a atenção do líder e mais versátil ele deve ser na hora de agir. Nem sempre uma postura democrática, horizontal, serve para todas as situações e para todas as pessoas, assim como uma postura mais firme, por vezes até impositiva, não deve ser a regra, porém, se a situação exigir, cabe ao líder definir os rumos de uma situação, a fim de garantir a continuidade do processo. O que não pode ser visto como autoritarismo.

A linha que separa uma postura firme de uma postura autoritária é muito tênue. A firmeza, quando não acompanhada de respeito e clareza em relação ao objetivo maior da organização, passa a ser mera imposição. Mas quando ela está pautada por um conjunto de fatores que estão em consonância com os objetivos e metas da organização, e coerentes com os valores que embasam toda a administração, a firmeza também se faz necessária para garantir o equilíbrio e o sucesso de todos.

Quando falamos em equipe diversa, heterogênea, não estamos falando apenas de pessoas diferentes que trazem consigo crenças e certezas adquiridas a partir das suas histórias pessoais e das experiências vividas no contexto em que estão inseridas. Estamos falando disso e além disso. Nas últimas décadas, o ato de liderar tornou-se ainda mais desafiador. O desejo e o esforço para conseguir uma equipe mais homogênea – formada por pessoas com valores semelhantes, cuja postura diante dos fatos seja, na maior parte das vezes, muito parecida – hoje são quase uma utopia. O que diferencia as pessoas não é mais apenas a soma dos valores e crenças decorrentes do meio de onde elas se originam, acrescida da história pessoal. Além disso, agora contamos com cérebros diferentes, com capacidades distintas e surpreendentemente maiores do que os estudos e tratados científicos consolidados ao longo de anos – para tentar explicar o comportamento humano e a capacidade intelectual da nossa espécie – têm sido capazes de descrever.

Ouvimos falar de altas habilidades/superdotação, a cada dia que passa mais e mais seres apresentam diferenciações na capacidade intelectual e emocional. O que conhecíamos como superdotados eram seres que apresentavam altos índices de inteligência, que de forma simples podemos definir como a habilidade mental geral para aprender e aplicar o conhecimento para lidar com o ambiente que os cerca, bem como a capacidade de raciocinar e ter pensamento abstrato. Essa capacidade passou a ser medida pelo teste de QI mundialmente conhecido. Porém, como já vimos, esse tipo de teste não tem mais sido eficaz sozinho, para determinar quem é mais capaz. Os superdotados de até então eram indivíduos que acabavam não se adaptando aos modelos produtivos rotineiros e cartesianos, e por essa razão muitas vezes eram vistos como problemas, desde a idade escolar e na vida adulta, de difícil trato, e quase impossíveis de serem liderados.

*O que **diferencia** as **pessoas não** é mais **apenas** a soma dos **valores** e crenças decorrentes do meio de onde elas se originam, acrescida da história pessoal.*

Na atualidade, a cada geração a raça humana como um todo, plagiando a linguagem tecnológica, está vindo com uma programação diferente, como se os seus componentes cerebrais a cada lote recebessem um *upgrade*. Ou seja, melhorados, atualizados, apresentam novas e inimagináveis funcionalidades.

E essas inovações não se traduzem no aumento de QI, mas no todo. Afirma-se que a sensibilidade também está cada vez mais aguçada e que é a soma da inteligência intelectual e da emocional que gera resultados diferenciados.

Diante dessa realidade, o desafio da liderança se torna exponencialmente maior. Antes de pensarmos em modelos de liderança, em perfil de líder, devemos pensar em termos de ser. Como irá se portar o SER humano que tiver a incumbência de reunir mentes tão diferentes em torno de um projeto. As organizações, mais do que nunca, terão que desenhar e redesenhar os seus propósitos de forma a conseguir honrar com os valores que estiverem descritos em seus planejamentos estratégicos. As metas estabelecidas terão que levar em conta esses valores. E as ações para alcançá-las não poderão ser contraditórias.

Não teremos mais pessoas que se contentem em executar atividades apenas para garantir um salário no final do mês. A missão da empresa terá obrigatoriamente de deixar de ser apenas uma frase bonita que fica estampada na entrada dos escritórios e nos materiais de divulgação na tentativa de impressionar pessoas e mercados.

As escolas de administração terão que sair da sala de aula e ir literalmente para a rua, para os ambientes onde a liderança acontece, a despeito de se tornarem obsoletas e inservíveis. O ato de liderar, como tudo, pede ressignificação. De forma simples, podemos dizer que ninguém lidera processos, mas sim pessoas que executam processos e tarefas para outras pessoas. O olhar cada vez mais deve se voltar para quem faz, do que para o que ele faz. Só que antes é necessário que esse que vai assumir o papel de líder aprenda a olhar para si mesmo. Quando aprendermos a nos conhecer, começaremos a adquirir a capacidade de começar a entender o outro. Ou melhor, de não julgar o outro.

*Quando aprendermos a nos **conhecer**, começaremos a **adquirir** a **capacidade** de começar a **entender** o **outro**.*

Estamos em um momento da humanidade onde as certezas, por vezes, precisam ser deixadas de lado para que tenhamos coragem de assumir que o nosso saber é importante, porém não suficiente.

Costumávamos dizer: sou formado em... tenho tantos anos de experiência, já lidei com essas situações inúmeras vezes... Essas afirmações muitas vezes nos colocavam em uma zona de conforto, davam a chamada autoridade. Mas agora isso literalmente não é mais suficiente. O que também não é motivo de condenação. Pois essa é outra postura a qual devemos rever. A tendência de fragmentarmos tudo.

A fragmentação de ideias e o obsoletismo dessas ideias são mais uma das posturas que adotamos. Enquanto uma ideia, ou conhecimento, é considerada adequada, ela é enaltecida, não oferecendo espaço para questionamentos ou reflexões. De repente, quase que instantaneamente, basta que alguém que ainda mantém a chamada autoridade em algum tema, ou que, via estratégia de comunicação, se tornou aceito, passe a dizer que algo tem que ser diferente, abandona-se, rejeita-se o que até então era a regra. Passando a quase "demonizar" algumas práticas ou modelos sem que se avalie o contexto. Isso acontece em todas as áreas. Desde a familiar às governamentais.

A questão não é mudar ou passar a pensar e agir diferente. Isso é saudável. Porém o comportamento de negação e a prática da fragmentação de tudo são o que impede a construção sólida de novas ideias. O desejo de querer que as coisas sejam estáticas, mesmo que por um tempo, faz com que acreditemos que é mais fácil lidar com as chamadas verdades uma de cada vez, sem que façamos uma conexão entre elas. Nada é estático, tudo está em constante mudança e evolução. Entender isso nos torna mais leves e mais assertivos.

Quando falamos de liderança, nossa mente imediatamente vislumbra alguém em uma empresa ou organização. Mas a primeira liderança, e talvez a mais importante, começa com alguém frente à instituição chamada família, que pode ser um homem, uma mulher, um idoso. Não importa. É a partir da família que temos as primeiras noções de comando. Porém o que se ouve falar é que os pais de hoje são omissos e que não sabem mais educar seus filhos, e que por essa razão vemos tantos problemas entre os jovens que se sentem perdidos, sem orientação. O contrário também acontece, temos muitas queixas de pais que tentam exercer o papel de líderes da família, tentando educar seus filhos e agindo com base nos conhecimentos que têm, nas crenças e valores que alimentam a partir dos códigos morais do meio que convivem, do que acreditam ser certo ou ser errado, mas que acabam por provocar dor e sofrimento em seus filhos, que ao invés de dar uma direção, os fazem se sentir ainda mais perdidos.

Durante a minha trajetória profissional, já participei de inúmeros trabalhos, sempre ligados de alguma forma ao atendimento de pessoas. Começou nos estágios da faculdade de Serviço Social, que me propiciaram o contato e atendimento de presidiários, grupos de mulheres e adolescentes, entre outros. A partir da minha formação em Coaching, faço atendimentos, inclusive de forma voluntária. Nos últimos tempos, tenho ouvido muitos relatos de jovens que sofrem de ansiedade, diagnosticados com depressão, síndromes as mais diversas, entre elas a Síndrome do Pânico, sem contar os elevados números de relatos desses jovens com diagnóstico de esquizofrenia. A maioria medicados, porém infelizes e desorientados, muitos se automutilam como forma de esconder ou não sentir a dor original. Na tentativa de, com a dor física, abafar a dor emocional.

Entre esses casos, um deles em especial me chamou a atenção e me levou a uma reflexão profunda. Tratava-se de uma jovem de dezoito anos, que no dia apresentava uma crise de ansiedade, com grande dificuldade de falar sobre sua história e os motivos que a levavam àquele estado de angústia e sofrimento. Quando conseguiu falar, me dizia que tinha medo de fazê-lo, pois toda vez que ela falava sobre os seus verdadeiros sentimentos, algo de muito ruim acontecia. Era como se estivesse sendo ouvida, vigiada por alguém que a proibisse de falar sobre o assunto. Aliás, ela tinha essa certeza. Com muita dificuldade, contou-me que, desde muito cedo, não conseguia se identificar como menina, sexo com o qual tinha nascido.

Quando ainda criança na escola, verbalizou o que sentia e o que ouvia, a mãe foi chamada e ela foi internada, medicada. Viveu momentos muito difíceis de dor e sofrimento. Sentiu-se castigada por expor a sua verdade, o como ela se entendia ser. Foi a partir desse momento que passou a ser considerada um ser anormal. Com o passar dos anos e não conseguindo se ver no papel de mulher, com muito esforço emocional, assumiu a sua sexualidade, apesar da rejeição da sua família, em especial da sua mãe. Entre os detalhes que conseguiu me relatar, é que não conseguia ver a própria imagem, que havia quebrado todos os espelhos da sua casa.

Desde que resolveu sair da casa da mãe, morava sozinha em um local que por muito tempo não teve energia elétrica, e ela tinha medo do escuro. O medo do escuro provocava crises de ansiedade e pânico. E me dizia que não gostava da noite. Seus medos eram muitos, incluindo o da perda do que amava e a confiança naqueles com os quais se sentia segura. Compreensível, para alguém que muito cedo viu seu mundo desmoronar porque ousou dizer e demonstrar o que sentia, e que sua sinceridade e inocência provocaram uma avalanche de sofrimentos devido ao modo como tudo foi interpretado. Que em especial a mãe, que deveria ser a figura que lhe traria o sentimento de proteção, a colocou no que ela descreve como inferno. É impossível não se comover com a história dessa jovem.

*Em um dado momento, chega a ser quase **natural acreditar** que as **pessoas**, de um modo geral, são insensíveis e más.*

Diante de uma história carregada de incompreensões e de julgamentos, é fácil entender que para ela o mundo se tornou um lugar perigoso e incompreensível. Onde a insegurança e o medo se fazem presentes em todos os cantos. Em um dado momento, chega a ser quase natural acreditar que as pessoas, de um modo geral, são insensíveis e más.

Ao nos depararmos com histórias como essa, que nos comovem, a tendência quase sempre é de buscarmos um culpado. É quase impossível de controlar o ímpeto de condenar alguém, nesse caso seria a mãe. Mas, enquanto ela me fava sobre sua mãe, tratava-se de uma mulher já mais madura, com valores religiosos bem consolidados. O relato da dificuldade dessa mulher em aceitar que a sua filha não queria ser menina, mas sim menino, que ouvia vozes... Imaginei como essa mulher também se sentiu.

Foi pega de surpresa com uma realidade inconcebível para os seus valores e para o que ela tinha como certo e errado. Que alternativa, como mãe e líder daquela família, responsável pela sua cria, a quem certamente desejava o melhor, de acordo com seus valores, crenças e informações que dispunha, vindos do universo ao qual pertencia, poderia vislumbrar? Que outra atitude, a não ser buscar uma solução, algo que pudesse trazer de volta o que ela entendia como normalidade?

Como lidar com uma realidade que aos olhos da sociedade ainda é vista por muitos como imoral ou como doença? Como não tentar fazer algo que pudesse trazer de volta a sua filha da forma que ela entendia como normal? Como não tentar encontrar uma cura para o que ela entendia como males que afetavam a sua filha? Como julgar essa mulher que, no papel de mãe, lançou mão das alternativas que lhe ofereceram para tentar proteger a filha? O que dizer a ela, diante de um diagnóstico médico que confirmou os seus "saberes" como mãe? Como dizer a ela que a sua preocupação e o seu amor naquele momento não eram mais suficientes?

Essa história me fez fazer uma analogia com o mundo animal. Imaginei uma mãe crocodilo que acredita conhecer bem como funciona o ciclo de procriação da sua espécie e como os seus filhotes se comportarão após saírem dos ovos que ela depositou em um ninho muito bem preparado para isso, o qual ela vigiou por aproximadamente 14 semanas, e sabe que assim que saírem do ovo necessitarão da sua ajuda e proteção para chegarem ao lago ou ao rio mais próximo, onde eles terão maior mobilidade, pois assim é a natureza da sua espécie. Porém, quando ela ouve o chamado e se aproxima do ninho para colocá-los com cuidado em sua boca e chegar mais rápido até a água, evitando que algum predador possa atentar contra as suas vidas, descobre algo incomum no comportamento dos seus filhotes. Eles são diferentes, têm algo neles que ela não sabe o que é. Comportam-se de forma estranha. Rejeitam a sua ajuda, ou pelo menos o tipo de ajuda que ela quer e sabe dar. Que não apresentam o comportamento comum de um crocodilo que ela esperava. Eis que ela descobre que eles nasceram dotados de algo que, até então, não era natural na sua espécie. Eles têm asas...

*Como lidar com uma **realidade** que aos olhos da **sociedade** ainda é **vista** por muitos como **imoral** ou como **doença**?*

Nesse instante começam os dilemas de uma espécie. Essa mãe, que sempre soube o que esperar de seus filhos e o que fazer para ensiná-los e protegê-los, não sabe mais. Tudo o que ela quer é que eles sejam o que ela esperava que fossem. Mas como fazer isso? Repreender e castigar? Bem que ela tenta, mas não funciona. Pedir ajuda aos especialistas para que façam um diagnóstico para definir de onde vem essa anomalia e com ele poder ministrar o tratamento mais adequado para curar? Algo que consiga extirpar essas "asas incômodas" que permitem que seus filhotes voem ao invés de nadarem e rastejarem. Pois com esse comportamento ela sabe lidar. Mas como ela vai ensinar sobre os perigos no voo se ela não tem essa habilidade? O ar não é o seu território.

Ela faz tudo o que pode e o que sabe em uma tentativa desesperada de controlar uma situação por demais inusitada. As etapas que se seguem após essa descoberta são seguidas de muitas desconstruções. De quebras de planejamento, com mistos de rejeição e medo, muitas vezes até de vergonha. Seus filhos poderão servir de chacota. Ela não sabe lidar com o diferente. É até mais fácil aceitar que é anormal, assim o seu "sacrifício" parece se justificar.

Mas essa é só uma analogia para dizer que o que estamos vivendo nas últimas décadas tem se assemelhado a essa história fictícia.

É quando nos deparamos com essa realidade que passamos a ter a noção do quanto precisamos rever os nossos saberes e as nossas crenças. Porque situações como essa, que afetam a vida das pessoas de forma tão profunda, não se limitam às relações familiares. Elas permeiam todas as relações, e seus efeitos passam a ser sentidos quando as nossas ações e comportamentos, baseados no que entendemos como certo, não alcançam mais as dimensões de uma realidade que se alterou em tempo recorde. Compreender que tudo o que sabíamos ou achávamos que sabíamos não é mais suficiente, é normal o sentimento de insegurança e de incerteza. Ficar sem saber como agir diante de um fato ou ver que – mesmo usando de todo o nosso arsenal de conhecimentos – os resultados não são os esperados é desconcertante.

Há que se ter consciência das consequências das nossas ações. Tudo o que não devemos fazer é tentar encontrar uma resposta a qualquer custo. Ou tentar enquadrar aos modelos já existentes. É necessário que encontremos coragem para nos desarmarmos da obrigação de dar respostas a tudo. Precisamos deixar de lado o medo de parecer incapaz, em especial o de responder a padrões moralistas. Diante do desconhecido, da falta de compreensão, a melhor atitude é o acolhimento e não a rejeição. Mudar nossas atitudes e nos abrirmos para o novo são vitais nesse momento. Sabemos que, para muitas áreas, isso é um desafio ainda maior.

O que dizer das áreas voltadas à saúde, tanto física quanto mental? Em especial ao profissional que se vê diante de queixas e sintomas que não eram comuns ou mesmo não lhe foram apresentados durante o período de estudos que o qualificaram para exercer a sua profissão. Como condenar um profissional que se apoia nos protocolos conhecidos e, muitas vezes, diante do desconhecido, mas se sentindo na obrigação de apresentar uma possível solução, encaixa no que mais se aproxima e prescreve a partir do que conhece? Como exigir que esse profissional, da noite para o dia, aja assertivamente diante de uma nova e desconhecida realidade?

Nas últimas décadas, essa área primou pelas especializações. Na medicina, o clínico-geral passou a ser visto quase como que um profissional de triagem que, quando identifica um problema ou possível problema, encaminha para um especialista. A população de modo geral até já se acostumou com isso, a ponto de achar que sabe qual profissional deve procurar, de acordo com os seus sintomas. Mas e agora? Se estamos diante de seres tão diferentes em todos os aspectos – neurológicos, fisiológicos, psicoemocionais – que não nos deram tempo de entendê-los antes que chegassem em grande quantidade. Como dizer a esses profissionais, que se dedicam a fazer o seu melhor, que os conhecimentos que adquiriram, embora importantíssimos, não são mais suficientes? Que nem tudo é "anomalia", uma doença a ser tratada, a qual eles têm por obrigação diagnosticar?

Acredito que precisamos entender que é diferente, mas é um processo evolutivo que certamente necessita de ajuda para construir um novo modelo de mundo e um novo modo de viver nele, mas que nós também não sabemos ainda como. Necessitamos perder o medo de admitir que não sabemos, mas nos colocarmos como aprendizes juntos, par a par com essas novas gerações. Não há a necessidade de abandonar os conhecimentos adquiridos, mas estar disposto a transformá-los em base onde irão se assentar os novos saberes. Só iremos conseguir ver com outros olhos, sem medo nem arrogância, quando mudarmos o ângulo de visão. Quando nos permitirmos nos afastar do ponto onde nos encontramos, em que fomos colocados ou que nos colocamos a partir da construção dos saberes de até então, precisamos ter mobilidade mental para nos deslocarmos até onde possamos ter uma visão mais ampla do que nos cerca.

O mundo mudou, os seres que o compõem também mudaram, e mudaram além da nossa capacidade de acompanhamento e compreensão. As forças dessa mudança estão nos atingindo, queiramos nós ou não. Ficar parados resistindo a elas é uma batalha perdida. Tentar controlá-las apenas com o arcabouço teórico ou mesmo prático adquirido até então é tarefa vã.

*As **forças** dessa **mudança** estão **nos atingindo**, queiramos nós ou não. Ficar parados resistindo a elas é uma batalha perdida.*

Penso que as universidades terão um papel importantíssimo no trabalho de construção de modelos de atendimento, que contemplem uma visão ampla do ser humano. Que não queiram dar respostas prontas e protocolizadas.

Essa não parece ser uma tarefa nem mesmo um modelo que possam ser adotados e exercidos por um único profissional ou área. Mais do que nunca, a interdisciplinaridade precisa ser exercida com igualdade de responsabilidades e de direitos. Para isso, a valorização dos profissionais da saúde terá de ser mais equânime. O que vemos hoje, apesar de já ter sofrido alguns ajustes por força da realidade socioeconômica e do modelo de prestação de serviços na saúde, é que ainda o profissional médico, independentemente da especialidade, é visto como o centro, o detentor do saber, tudo gira em torno dele, torna-se o mais importante. Esse modelo é fruto dos resultados da própria ciência, que não admite nada fora da matéria. Que só reconhece os males que acometem os seres humanos se puder materializá-los e tratá-los a partir de outra matéria. Diante dessa visão, o médico é o profissional que de fato entrega as soluções.

Admitir que esse modelo não responde mais às novas demandas – que não sabemos tudo, que precisamos continuar aprendendo o tempo todo, por mais esforço que façamos, a realidade dos fatos é sempre mais complexa e as transformações mais ágeis que a nossa capacidade de percebê-las e entendê-las – é assustador. Na saúde, essa ideia é quase uma heresia, pois mexe com todas as estruturas dessa área, não apenas no que se refere aos saberes construídos, mas também na chamada estrutura de poder que se estabeleceu pela visão materialista do ser humano.

Os desafios de liderar mentes diferenciadas afetam todos os setores, mas é na educação que esse desafio ganha contornos de aventura. Liderar processos educacionais que sejam capazes de dar base para todos os demais setores, preparando-os para as mudanças e as adequações necessárias capazes de entender esse novo ser humano e suas diferenças. Bem como incluir um novo modo de vida com novos valores, quando as bases construídas nas quais nos apoiamos ou estão ruindo ou não servem para dar sustentação para uma nova sociedade.

Os desafios de ***liderar mentes diferenciadas*** *afetam todos os setores, mas é na* ***educação*** *que esse* ***desafio*** *ganha contornos de* ***aventura****.*

É por meio da educação que formamos todos os profissionais que irão conduzir os processos, desenvolver produtos e prestar os serviços para atender às necessidades da humanidade. Como continuar sendo mestres de mentes superiores às nossas? Mais grave ainda. Para que tipo de educação acreditamos que estamos preparados? Para quem e para que educamos, se sequer temos ideia ou conseguimos entender que os seres humanos que estão diante de nós são de fato diferentes e não apenas mais rebeldes e mal-educados devido à permissividade dos pais e das leis que impedem as reprimendas e os castigos?

Castigos esses que outrora, quando vindos dos professores, pais e/ou de "mais velhos", eram aceitáveis e até mesmo uma obrigação. E que, se hoje ainda fossem permitidos, não surtiriam mais efeitos positivos.

Como dizer ao professor que ele não precisa saber mais que seu aluno, mas que isso também não significa que não tenha o que ensinar?

Quando falamos da defasagem de recursos pedagógicos modernos, do desconhecimento e falta de habilidade dos professores de hoje para lidar com esse universo, acreditamos que podemos suprir essa defasagem apenas com treinamentos sobre como operar os sistemas e as ferramentas tecnológicas. Porém, considerando o tamanho da desigualdade entre professor e aluno, no que se refere à capacidade de manuseio dessas ferramentas, há de se pensar em modelos educacionais onde o aluno participe mais com as suas habilidades e conhecimentos, e que tanto o professor como o aluno se tornem educadores.

Que o processo educativo se estabeleça na troca e não apenas no repasse de conhecimentos, onde cada um, com suas habilidades e conhecimentos, possa contribuir sem melindres, entendendo que não há conhecimento mais ou menos importante.

O tempo em que os atos de ensinar e aprender estavam em lados opostos – ocupando espaços específicos, até mesmo físicos – tende a desaparecer. Se quisermos avançar no processo educativo, a relação professor-aluno terá que se aproximar no âmbito dos saberes, do compartilhamento e da divisão de tarefas. O ato de ensinar terá que deixar de ser unilateral. Faz-se necessário estabelecer um modelo de ensino-aprendizagem participativo em todos os aspectos, desde a escolha do conteúdo à forma de ensinar, onde cada um tenha clareza do que precisa aprender e do que precisa ensinar, e vice-versa.

O respeito deverá dar o tom desse modelo educacional. O modelo de avaliação não será uma tarefa unicamente do professor ou da instituição de ensino, ela será construída por meio de acordos onde o aluno também faça parte e se sinta responsável pelos resultados do seu crescimento e conhecimentos, a partir da utilização desses conhecimentos no seu cotidiano.

Todo o processo de liderança, independentemente de onde ou de que setor ele pertença, vai precisar se adaptar ao trato de mentes com estruturas diferenciadas e com capacidades distintas que vão além do que conhecíamos como normal, mas que ainda conseguiam se encaixar nos modelos produtivos existentes. Segundo os estudos publicados nos materiais que encontrei sobre o tema é possível afirmar que a cada ano, cada geração que alcança a idade produtiva chega com uma estrutura mental diferente. Ainda não há um modelo de liderança que possamos dizer que será o melhor, ou o mais adequado. Eu aposto em um modelo multidirecional e compartilhado, de acordo com a situação e as mentes que formarem a equipe. Quando Ítalo Calvino escreveu uma das suas lições para o próximo milênio como sendo a multiplicidade, ele nos indicava a necessidade de compreendermos a interdependência e adotarmos uma postura que respeitasse essa regra universal.

A interdependência é condição para que a vida como um todo possa ser mantida no planeta. Estabelecer qualquer ação humana sem entender e respeitar essa condição é assinar um atestado de fracasso. Isso vale tanto para o ecossistema como para qualquer outra relação, seja ela humana, financeira ou produtiva. Ou seja, também para os negócios. A longevidade e o equilíbrio de qualquer negócio dependem da qualidade das relações estabelecidas, do entendimento que se tem de cada uma e do respeito com que se trata cada ente dessa teia que o sustenta.

> *O mundo é um 'sistema de sistemas', em que cada sistema em particular condiciona os demais e é condicionado por eles.*
> *(CALVINO, 1990, p. 121).*

Isso por si só é desafiador. Desde que as relações humanas entre si e com o resto do planeta se estruturaram a partir de uma visão fragmentada e egoísta, o que temos como resultado não é o melhor. Nessa estrutura, embora esteja ruindo, há uma forte tendência em sua defesa, pois ela privilegia uma minoria que detém a riqueza e o poder, em detrimento dos demais. Abrir mão de privilégios é um ato dolorido para os que dele gozam. Mesmo com todos os indicativos de que também serão afetados, mantêm a convicção de que, de posse do poder econômico e tecnológico, estão imunes e podem se defender. Essa minoria vive em uma bolha e todo o seu esforço é para mantê-la. Seus valores são contrários aos valores universais que sustentam a vida em todas as suas formas.

*Essa **minoria vive** em uma **bolha**, e todo o seu esforço é para mantê-la. Seus **valores** são **contrários** aos valores **universais** que sustentam a vida em todas as suas formas.*

A crença de que tudo se resolve quando se pode pagar é um equívoco matemático. Ítalo Calvino cita também em seu livro um trecho do escritor Carlo Emilio Gadda, quando ele fala sobre o homem sem qualidade.

> *...esse largo e livre rio de circunstâncias seria então uma espécie desordenada de soluções insuficientes e individualmente falsas, das quais não poderia brotar uma solução exata e total, senão quando a humanidade fosse capaz de encará-las todas.*
>
> *(CALVINO, 1990, p. 125)*

Penso, pois, que chegou a hora de encarar a realidade. Não há meios que consigam equacionar soluções para os problemas da humanidade sem que esse modelo baseado em competitividade e luta seja revisto.

Mas como liderar a partir de um modelo multidirecional e interconectado, quando todos os demais sistemas se mantêm com essa crença?

Não há outro meio senão começar. Não logrará êxito? Talvez! Porém não podemos esquecer que esse modelo de liderança se propõe a atender aos anseios e ao modo de ver a vida trazidos pela Geração 3000. Por esse motivo, o líder de hoje deve ser capaz de lidar com a multiplicidade de mentes, incluindo aquelas que ainda não conseguem ver o mundo por esse ângulo.

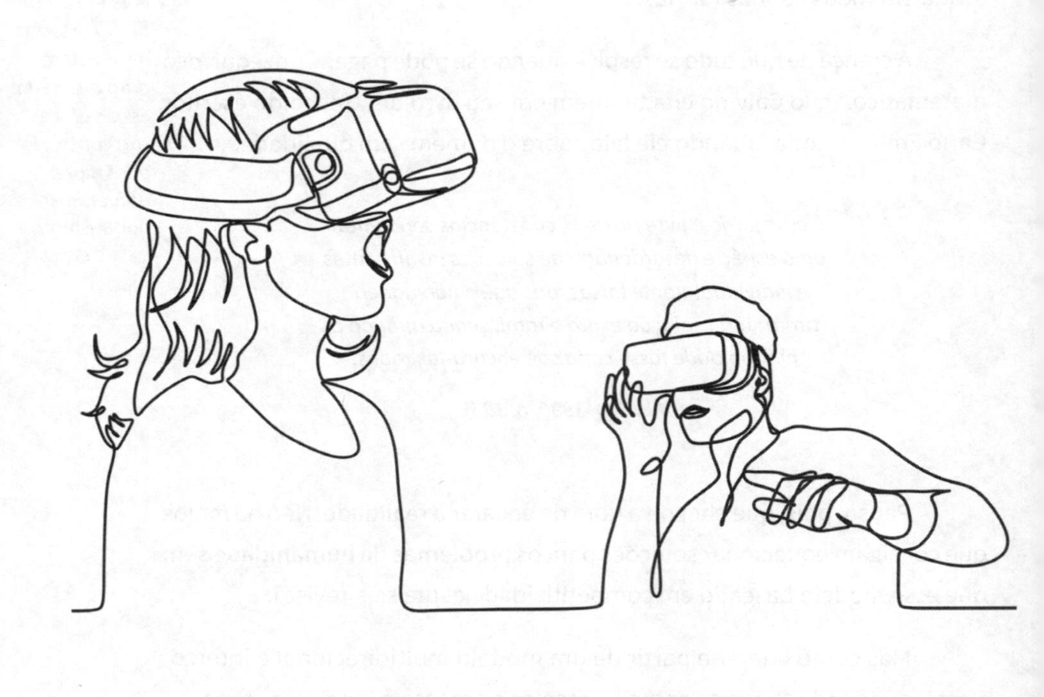

CAPÍTULO 11

A Geração 3000 e a Quarta Revolução Industrial

A humanidade vivenciará uma nova revolução e as mudanças serão tão profundas, que se puder fazer uma analogia, é como se estivéssemos prestes a saltar uma grande distância sobre um abismo que irá separar o que conhecemos agora com o que teremos em um futuro muito próximo.

UM NOVO GRANDE SALTO

> *"Estamos a bordo de uma revolução tecnológica que transformará fundamentalmente a forma como vivemos, trabalhamos e nos relacionamos. Em sua escala, alcance e complexidade, a transformação será diferente de qualquer coisa que o ser humano tenha experimentado antes."*
>
> ***Klaus Schwab***

Estamos perante a maior transformação da história da humanidade, onde modelos de negócios vencedores são aqueles que conseguirão desenvolver uma elevada capacidade de adaptação ao novo. Novos modelos de trabalho, de relacionamento e de entrega de valor ditarão as regras pelas quais todos vão se reger.
(PERASSO, 2019)

Essa afirmação está em um artigo da INOVA CONSULTING, uma empresa global que atua na consultoria e treinamento de futuro, tendências e inovação estratégica para a gestão. Faz análises de cenários futuros, procurando mapear e identificar as transformações que irão impactar os negócios.

Os economistas afirmam que estamos vivenciando a quarta revolução, marcada pela convergência de: tecnologias digitais, que é um conjunto de tecnologias que permite, principalmente, a transformação de qualquer linguagem ou dado em números; de tecnologias físicas, que são as inovações de qualquer instrumental físico, que vão desde uma simples caneta esferográfica a computadores e satélites; de tecnologia biológica à biotecnologia, que é qualquer tecnologia que utilize sistemas biológicos, organismos vivos, ou seus derivados, para fabricar ou modificar produtos ou processos para uma utilização específica. Esse conjunto tecnológico associado é capaz de criar o que era impensável há bem pouco tempo.

*A **humanidade** vivenciará uma nova revolução e as **mudanças** serão **profundas**.*

Já usei aqui a expressão de que vivenciamos nos últimos 30 anos uma transformação nunca antes vista na história da humanidade no que se refere à inovação e às suas influências no modo de vida de toda a humanidade, ao que chamei de "grande salto". Mas ao que parece, isso foi apenas o começo. Um novo e imenso salto está prestes a ser dado. A humanidade vivenciará uma nova revolução e as mudanças serão tão profundas, que se puder fazer uma analogia, é como se estivéssemos prestes a saltar uma grande distância sobre um abismo que irá separar o que conhecemos agora com o que teremos em um futuro muito próximo. A questão é que nem todos estão preparados, como também não estávamos para o primeiro salto. Prova disso é o descompasso que se evidenciou em todas as áreas, que começa pela educação e se estende para as demais áreas da vida.

> As empresas e organizações foram incorporando as novas tecnologias como garantia de sobrevivência de mercado. Porém tudo aconteceu de forma mecânica, sempre pelo olhar para os negócios e não para as pessoas.

As pessoas apenas foram obrigadas a se adaptar e incorporar o uso das tecnologias, em alguns casos por ser a única forma de terem um trabalho, e com ele garantir o sustento e/ou a sobrevivência. Outros tantos foram sendo encantados pela ideia de modernidade que os mecanismos de consumo e venda tão bem aprenderam a fazer.

Em meio a isso tudo, há quem não conseguiu alcançar o domínio mínimo das novas tecnologias, como o uso de alguns aparelhos, até mesmo os mais básicos e populares, entre eles os telefones celulares e os seus aplicativos.

A grande questão é que a imensa maioria faz uso de forma inconsciente e mecânica, levada pelo consumismo, sem conseguir perceber a serviço de quem todo esse arsenal tecnológico está, e que todos indistintamente deveriam saber para poder reivindicar os seus benefícios. As discussões ainda estão no nível primário, mesmo as vindas de especialistas, a exemplo de alguns preocupados em tentar minimizar as possíveis consequências que um aparelho de celular pode causar para a saúde e o bem-estar de crianças e jovens. Continuamos olhando para os possíveis sintomas e não para as causas, quiçá, para o que está por trás das causas.

Mesmo diante de tanta evolução tecnológica, a humanidade continua agindo, movida por instintos primários, independentemente da condição socioeconômica que possui. Quem não dispõe de recursos financeiros se debate, aceita ou se revolta diante da situação, buscando a satisfação instintiva das necessidades básicas. Quem dispõe de recursos busca satisfazer essas mesmas necessidades orgânicas de abundância de bens materiais (casas confortáveis, carros modernos, comida farta e variada, prazeres em geral), associados a um instinto de posse e domínio tão primitivo quanto.

Nos anos 1950, Abraham Harold Maslow, psicólogo americano, escreveu sobre uma hierarquia para as necessidades humanas. O que muitos chamam de Pirâmide de Maslow, que nos ajuda a entender os fatores que motivam e despertam os desejos nas pessoas. Essa teoria sobre a motivação humana tem este princípio: à medida que satisfazemos as necessidades básicas, vamos subindo na hierarquia de necessidades e descobrindo ou desenvolvendo outras, sempre com maior nível de complexidade.

Segundo Maslow, o primeiro nível é o das necessidades fisiológicas, como: comer, beber, dormir, se aquecer; o segundo nível diz respeito à necessidade de segurança, como: abrigo/moradia e a proteção da própria vida; o terceiro nível se refere às necessidades sociais. Aquela necessidade de sentir-se aceito e fazer parte de um grupo ou comunidade, necessidade de afeto, amor, os quais tenta suprir por meio da família, das amizades e dos relacionamentos amorosos; o quarto nível é o das necessidades de estima. Ou seja, a necessidade de se sentir estimado e da própria autoestima; o quinto nível é o da realização pessoal, tudo o que diz respeito à realização das potencialidades pessoais e profissionais. O sentimento de conquista.

Porém isso não é assim tão linear. Prova disso que, apesar de toda a evolução tecnológica e das facilidades por ela trazidas, a impressão é que, de alguma forma, a humanidade não consegue perceber o momento de sair de um nível para o outro. O modelo econômico pautado no consumismo estimula o sentimento de falta, fazendo com que necessidades já supridas ganhem nova ênfase, novos desejos que partem das mesmas necessidades, porém com uma nova roupagem e sempre com a falsa promessa de que com as demais serão supridas. Como se fosse um passaporte para a felicidade, que precisa ser reemitido pois sua validade é muito curta.

Compramos para parecer ser alguém ou algo que não somos, e acreditamos que com isso vamos conseguir suprir a necessidade de estima e aceitação, fazendo com que a necessidade de realização fique cada vez mais inalcançável.

O conceito de sucesso, que está associado à necessidade de realização, tem como um de seus principais índices o quantitativo que pode ser traduzido em cifras. Tudo mais é secundário. Quando buscamos atingir esse nível de satisfação, desconsideramos os anteriores, o social e a estima. Tiramos esses da base de sustentação e nos atemos unicamente ao primeiro nível, no máximo ao segundo, como se o quantitativo e a diversificação das coisas (o novo modelo de carro, a bolsa de marca, o sapato, a roupa da moda, a nova versão do celular, o apartamento em um determinado condomínio ou local, entre outros), que satisfazem esses níveis, fossem sozinhos suficientes para garantir o sentimento de realização.

*Enquanto continuarmos **alimentando** as **mesmas necessidades** com coisas aparentemente diferentes, **não conseguiremos evoluir.***

Hoje já se fala em um sexto nível, o da transcendência. O qual eu acredito que seria de fato, em tese, o ápice da realização humana. Só que, para isso, os seres humanos, enquanto raça, precisam rever e reconstruir o significado do que Maslow nos legou como conhecimento sobre o que nos motiva, que parte do princípio de que, à medida que os seres humanos vão sanando suas demandas mais básicas, vão subindo na hierarquia de necessidades, adquirindo outras cada vez mais complexas. Enquanto continuarmos alimentando as mesmas necessidades com coisas aparentemente diferentes, não conseguiremos evoluir, estaremos fadados a permanecer em um mesmo patamar, como que andando em círculos.

Enquanto vivermos esse modelo de sociedade que dá mais lugar à competição e valorização das coisas do que às pessoas, onde as aparências contam mais do que os valores humanos, permaneceremos impedidos de perceber os limites que dariam a garantia de usufruir dos benefícios que de fato as grandes tecnologias nos oferecem. Não iremos conseguir perceber que, para isso, seria necessário que todos indistintamente pudessem usufruir delas. Se continuarmos contribuindo para que sejam usadas para gerar acúmulo de riqueza, consequentemente, estaremos contribuindo para aumentar as desigualdades e aprofundá-las ainda mais.

Tudo isso é fruto do modelo socioeconômico existente, que não permite a equidade de direitos. O resultado é o surgimento da insegurança com a escalada da violência, que nada mais é que o desejo comum de ter e de garantir a satisfação das necessidades, muitas vezes criadas e estimuladas para manter a máquina econômica funcionando e não para suprir, em especial o segundo nível das necessidades humanas, que é o da segurança, como: abrigo/moradia e a proteção da própria vida.

As buscas pela satisfação dessas necessidades/desejos acontecem de acordo com o poder de compra. Quem o tem em abundância ostenta suas posses como sendo o seu diferencial, uma espécie de passaporte para a felicidade, liberdade e realização. De outro lado, os que têm um baixo poder de compra, ou têm o mínimo suficiente para sobreviver, se frustram ou muitas vezes tentam conseguir pela força, pela ilegalidade, já que a riqueza é tão mal distribuída. Mas basta olharmos, que veremos que o princípio da busca é o mesmo, a origem é a mesma. Ou seja, satisfazer as necessidades humanas que Maslow tão bem descreveu, e que foram distorcidas e usadas para sustentar o modelo socioeconômico baseado no consumo e na competição.

Ao** nos **aproximarmos** cada vez mais **desse novo momento,** desse novo salto que a humanidade está prestes a dar, percebemos que **não há como evitar.

Ao nos aproximarmos cada vez mais desse novo momento, desse novo salto que a humanidade está prestes a dar, percebemos que não há como evitar. Então como torná-lo mais benéfico do que maléfico?

Acredito que seja nos colocando verdadeiramente abertos ao novo e a tudo com o que ele virá. Informando, preparando, disseminando indistintamente o conhecimento para o uso dessas invenções com propósito e consciência.

A primeira onda tecnológica chegou sem que tivéssemos ideia do que seria, e até mesmo se seria possível existir muito do que hoje já faz parte das nossas rotinas. Hoje já vivemos em um mundo completamente transformado. Não dá mais para duvidar que é possível. Portanto, já vivemos e experimentamos o suficiente para aprendermos que precisamos nos preparar da melhor forma possível. Já que, entre as possibilidades apontadas pelas novas tecnologias ou pelos seus desdobramentos, está o aumento cada vez maior da longevidade humana. Se vamos viver mais, necessitamos viver seguros, em paz e felizes. Só assim valerá a pena.

O papel do Estado e das grandes organizações responsáveis por patrocinar e incorporar todas essas melhorias deve ser feito pensando não apenas nos seus ganhos particulares, mas em como a grande maioria vai lidar com tanta inovação, estabelecendo parâmetros sociais, éticos e políticos que garantam o seu melhor uso. E a conquista da tão sonhada paz mundial.

A Alemanha, por exemplo, trabalha arduamente para chegar ao estágio de ter a produção de suas fábricas totalmente independente da presença humana. Ângela Merkel, ao visitar uma fábrica de robôs, declarou que, para a Alemanha, a revolução 4.0 é uma prioridade (PERASSO, 2019).

Isso seria maravilhoso se os resultados contemplassem as grandes massas que deixariam de gastar as suas vidas confinadas em fábricas para produzir bens e serviços para atender necessidades de consumo da maioria dos outros que não as suas. Uma vez que quem produz os bens de maior valor monetário nunca os usufrui.

Na verdade, essa é uma condição de quase todos os níveis e tipos de produção. Por exemplo, os trabalhadores dos grandes frigoríficos que gastam milhões em propaganda, para estimular o consumo cada vez maior de carne, como símbolo de boa comida e de poder de compra, nem sempre têm recursos para colocar na mesa da sua família um pedaço do animal que abateram.

Estamos a bordo de uma revolução tecnológica que transformará fundamentalmente a forma como vivemos, trabalhamos e nos relacionamos. Em sua escala, alcance e complexidade, a transformação será diferente de qualquer coisa que o ser humano tenha experimentado antes.

Klaus Schwab, autor do livro A Quarta Revolução Industrial.

Mas que transformação é essa? Apenas mais uma que vai intensificar as desigualdades, colocando a tecnologia acima do humano, ou uma oportunidade de verdadeiramente mudarmos o mundo?

Penso que depende do quanto formos capazes de mudar os nossos valores e as nossas crenças. Faz-se necessário que voltemos a ver a vida que pulsa no planeta sem distinção, como o centro da nossa atenção e dos nossos interesses. É urgente que seja divulgada a existência dessas novas tecnologias, que mais pessoas tenham conhecimento do que está sendo criado e preparado. Talvez assim a humanidade tenha a chance de se preparar minimamente para fazer uso desses novos avanços tecnológicos, que são a representação material da inteligência humana. E, apesar disso, a possibilidade de que não venha a fazer o melhor uso delas é quase uma certeza. Pois, quando isso acontece, como já está acontecendo com o que já existe, apesar da popularização de muitos equipamentos, ainda é um fator de exclusão e desigualdade que tende a ser potencializado.

É preocupante que a imensa maioria sequer tenha ideia do que está por vir. Que outros tantos acreditem que possa ser apenas uma previsão que talvez aconteça. Não existe "talvez", estamos falando de fatos concretos, não apenas de possibilidades. Basta nos informarmos um pouco sobre as novas tecnologias. Tudo o que está sendo anunciado já está em teste ou funcionando em algum nível, em algum lugar deste planeta.

Para exemplificar, podemos citar as tecnologias na área da saúde, que há tempos já vêm sendo testadas e usadas. As nano pílulas, para realizar exames médicos preventivos sem incisão e com maior eficácia, já estão sendo testadas. Isso é só uma amostra do que está por vir. Fala-se das incontáveis vantagens que as novas tecnologias poderão trazer para a humanidade, como a produção em 3D de órgãos vitais para transplante com uso de materiais específicos, sob medida para cada ser humano. Em 2014, já foi realizado com sucesso o primeiro transplante de medula espinhal com recurso 3D na China. (Peking University Third Hospital). A produção desses materiais leva em conta que cada um apresenta especificidade no seu DNA ou na constituição das suas células e tecidos. Também os medicamentos e a alimentação sofrerão essa evolução, sendo ajustados a cada ser humano. Acreditamos que esses melhoramentos na área da biotecnologia irão provocar uma verdadeira revolução no campo da saúde e da qualidade de vida.

*Os **medicamentos** e a **alimentação** sofrerão essa evolução, sendo **ajustados** a cada **ser humano.***

Mas há outros produtos já em fase de fabricação que também prometem mudar muito tudo o que já conhecemos. Os celulares implantáveis, os óculos conectados à internet (Google Glass), as roupas conectadas, os carros autônomos. Tudo isso já está sendo colocado à disposição da população. Porém cada um desses produtos traz consigo vantagens e desvantagens que, ao longo do tempo, precisarão ser mais bem avaliadas.

Hoje já podemos dizer que tudo o que temos, tocamos e vemos tem uma tecnologia de ponta embutida, mas isso será uma realidade muito mais presente daqui para frente. Muitos ainda podem se perguntar: como isso vai funcionar? Basta ver os já comuns marca-passos, os *chips* de monitoramento de sinais vitais, os sistemas de geolocalização e conexão que usamos. A tendência é que todos esses novos inventos também se tornem tão massificados como são hoje os telefones celulares e *smartphones*.

Os óculos e as lentes de contato devem substituir os *smartphones* e outros aparelhos. A criação de cidades inteligentes onde tudo estará interconectado, facilitando a mobilidade, a economia de recursos e a qualidade de vida.

Mais ainda. Há uma revolução profunda que está em curso a partir da neurotecnologia, que monitora a atividade cerebral, mapeia alterações de padrões a fim de desenvolver novas interfaces com o mundo. Esse novo mundo, que já está sendo construído, onde homens e máquinas irão interagir entre si.

O que tem sido anunciado é muito animador por um lado. Temos finalmente a possibilidade de conquistar uma vida sem esforço, de ter solução para quase tudo. O trabalho poderá deixar de ser baseado em esforço que machuca física e mentalmente o ser humano. O sustento poderá ser adquirido de forma mais fácil, sem sofrimento. Mas como fazer isso sem mudar o que está posto, consolidado, como modelo social e econômico?

*O **trabalho** poderá deixar de ser baseado em esforço que **machuca** física e mentalmente o ser **humano**.*

Em uma coluna do jornal britânico *The Guardian*, David Ritter, o CEO do Greenpeace Austrália/Pacífico, ao falar sobre a 4ª Revolução Industrial, afirma: "O futuro do emprego será feito por vagas que não existem, em indústrias que usam tecnologias novas, em condições planetárias que nenhum ser humano já experimentou". (PERASSO, 2019)

Sempre que se fala nas vantagens que todos esses avanços irão trazer, o primeiro fator negativo apontado é o desemprego em massa, e consequentemente a geração de um exército de seres humanos, que certamente ficarão à deriva no planeta, apesar de estarem com os pés em solo firme.

Esse é o principal ponto que leva muitos a se preocuparem com o que chamam de "darwinismo tecnológico", onde quem não se adapta não consegue sobreviver. A velocidade com que está acontecendo pode, sim, ter um efeito mais que devastador. E a questão vai muito além do material. Estamos falando de valores que serão alterados para dar conta das relações humano-máquinas. Tudo isso, se não for conduzido por cérebros que tenham fortemente consolidados valores éticos e morais capazes de fazer frente à ganância e ao egoísmo, pode aumentar exponencialmente as desigualdades, estas que hoje já estão postas. A extensão dessas desigualdades será proporcional às mudanças anunciadas com tanto entusiasmo pelos seus criadores.

Bdale Garbee, personalidade da comunidade de software livre, faz um alerta dizendo:

> *O entusiasmo não é infundado, essas tecnologias representam avanços assombrosos. Mas o entusiasmo não é desculpa para a ingenuidade e a história está infestada de exemplos de como a tecnologia passa por cima dos marcos sociais, éticos e políticos que precisam para fazer bom uso delas.*

Com o advento da mecanização, que se iniciou com a Primeira Revolução Industrial, desde então as razões apontadas sempre foram em primeiro lugar os ganhos financeiros obtidos por meio de uma maior eficiência operacional. Embora também se falasse em aumentar a segurança das pessoas que desempenhavam atividades que colocavam a sua saúde e a sua vida em risco. Essa última questão é de fato uma preocupação nobre. Mas o fato é que, ao retirarem as pessoas das atividades exaustivas e de risco, não lhes deram uma outra opção. Resolveu-se uma questão operacional e não uma questão humana. Ou seja, não foi investido, na mesma proporção, no preparo de quem foi substituído, como na criação de novas formas de fazer o que se fazia. Para que isso não continue se repetindo, terá de haver uma mudança de mentalidade em todos os níveis. Tanto de quem tem a capacidade de criar e colocar em funcionamento todas essas melhorias, quanto de seus usuários. Ou seja, cada um de nós e a sociedade como um todo precisamos estar conscientes das consequências e das responsabilidades de cada parte nesse processo.

Ao longo de séculos, fomos nos tornando dependentes de terceiros para garantir a sobrevivência. Todo o processo evolutivo, no que tange ao mundo do trabalho, sempre esteve mais preocupado com os ganhos monetários do que com o progresso do ser humano em si.

Desenvolver um modelo socioeconômico baseado na corresponsabilidade coletiva e não mais na dependência, que estimula a criação e manutenção de um ciclo de vitimização e exclusão, que de um lado estão as posturas excludentes e, de outro, o sentimento de incapacidade, que levam a resultados já conhecidos que se traduzem em uma soma de miséria, violência e infelicidade.

Frequentemente ouvimos o termo *reset*, palavra que em português significa reiniciar. Após o evento da Pandemia da Covid-19, essa palavra tem sido usada para definir que os seus efeitos nos fizeram reiniciar muitos dos nossos programas mentais em relação ao que acreditávamos, sobre o modo de vida de até então. Porém, diante do que está anunciado, com a Quarta Revolução Industrial, precisamos pensar em modelos econômicos e sociais também nunca antes pensados. Necessitamos reiniciar os nossos sistemas políticos, econômicos, sociais, educacionais, partindo de outras bases. Bases que ao longo de séculos foram deixadas de lado em nome da economia e do poder. Como se tudo se justificasse quando o resultado é o financeiro. Esse resultado deveria ser a consequência e não causa.

Tem sido cobrado que os cidadãos, em especial os executivos, sejam disruptivos. Isso não é tão fácil de se colocar em prática, por vários motivos. Para alguns, essa mudança representa perdas pessoais, uma batalha para romper com algo há muito consolidado. Para outros, porque ainda nem sequer sabem ou fazem ideia do que romper, do que está de fato por vir. Qualquer mudança que se pretenda que seja exitosa começa por entendermos o que queremos mudar e para que mudar. Ser disruptivo em relação a quê? Ser disruptivo representa apenas aceitar e se adaptar às mudanças sem questioná-las? Interrompendo o processo anterior para dar lugar ao novo sem medir consequências? Talvez seja melhor que esse processo sofra resistência para que aconteça com um pouco mais de cautela. Embora saibamos que ele vai acontecer. O que precisamos é ter consciência, entender o novo e percebê-lo na sua amplitude para daí, então, com consciência, podermos fazer opções.

Mas falo tudo isso para dizer que continuo acreditando que nada do que existe e do que virá a existir poderá ter mais poder sobre nós do que nós mesmos.

*Quanto **mais conectados,** mais **expostos** estaremos, e também mais **vulneráveis** aos desmandos.*

Tudo o que existe e o que existirá é e será, em última instância, criação humana. Uma das maiores preocupações, além do desemprego, é a falta de condições econômicas de sobrevivência de uma grande parcela da população do planeta. Outra grande preocupação, com os desdobramentos das novas tecnologias, baseia-se no medo de perder a individualidade, a privacidade. Quanto mais conectados, mais expostos estaremos, e também mais vulneráveis aos desmandos. Já que, infelizmente, o comportamento de hoje é baseado no julgamento, na disputa, no egoísmo. Um comportamento predador que não mede consequências quando é para garantir ganhos pessoais. Comportamento que permeia todas as camadas da sociedade, que passa longe da ética que cobramos dos outros.

Segundo afirmam alguns profissionais, entre os seres que estão formando a Geração 3000, muitos já possuem capacidades e habilidades psíquicas e extrassensoriais, que prescindem de implantes tecnológicos, como: clarividência e clariaudiência, além de bilocação ou bicorporeidade, escrita automática/psicografia, capacidade de materialização e desmaterialização, leitura com as mãos, projeção astral, percepção de aura, psicometria ou criptestesia pragmática, telecinesia ou psicocinesia, telepatia, teletransporte, xenoglossia, *parazoogesis* (assunto já abordado no capítulo 7).

E se tudo isso se tornar uma habilidade humana comum, como será tratada a privacidade? É claro que estou trazendo aqui algo que muitos, assim como eu já o fiz, vão qualificar como absurdo. Fruto de crendices, coisa de gente ignorante. Mas se pudéssemos imaginar uma sociedade com seres de mente superior e verdadeiramente ética, que não precisasse esconder nada de ninguém, como seria?

Todas essas habilidades anunciadas, das quais a Geração 3000 será detentora, são algo muito maior do que o que está sendo criado materialmente a partir dos desdobramentos de todas as tecnologias e do que elas prometem desencadear como consequências do que estão chamando de Quarta Revolução Industrial. Quero crer que toda essa tecnologia irá auxiliar a todos nós. Ou seja, ajudar a grande massa, da qual fazemos parte, a lidar melhor com esses seres, sem nos sentirmos tão diferentes. Todo esse arsenal tecnológico será necessário para cuidar dos que ainda não possuem tais capacidades inatas.

Para isso, haveremos de nos conscientizar verdadeiramente do significado do processo evolutivo que estamos vivendo. Pois a verdade é que não vamos pará-lo. Não podemos mais ficar à mercê do encantamento diante das facilidades que a modernidade tecnológica nos traz, sem a consciência do porquê e do para quê.

__Não__ podemos mais __ficar à mercê__ do encantamento diante __das facilidades__ que a __modernidade tecnológica__ nos traz.

Assim como as teorias que se baseiam nos estudos de Charles Darwin e que tentam explicar o desenvolvimento da inteligência humana, onde uma das teorias é que o homem se obrigou a andar mais ereto como forma de se proteger dos predadores liberando suas mãos, de onde desenvolveu a capacidade de manusear ferramentas. Essas teorias se fundamentam na ideia de que o meio faz o homem, colocando a humanidade como mero joguete e/ou produto das coisas e não o contrário. Não consegue ver o homem como um ser que tem sua inteligência cada vez mais evoluída, sendo o criador e o usuário consciente da sua criação. (BARRETO, 2020)

Portanto, não há nada bom ou ruim. O que é capaz de fazer a diferença é o uso que se fará de cada inovação. Porém como saber usar adequadamente se sequer temos ideia para que de fato serve e quais as possíveis consequências, os efeitos colaterais?

O mundo está recebendo seres altamente evoluídos, mas que não prescindem de uma sociedade que prime por valores verdadeiramente humanos. Algo que, durante séculos, mais falamos do que fizemos e que, agora, diante de tantas máquinas poderosas e seres com tamanhas habilidades, será ainda mais necessário.

O que preocupa é que, enquanto os avanços tecnológicos voltados para as coisas não param, os responsáveis por criar as bases para a construção de uma sociedade mais humana, justa e harmônica parecem não associar os fatos.

A questão é: estamos preparados para tanto? Os criadores e produtores dessas tecnologias estão conscientes e preocupados com a finalidade que será dada a elas? Não apenas os criadores e produtores, mas os sistemas políticos administrativos, em especial os educacionais, já se perguntaram qual é o tamanho da sua responsabilidade diante dessa nova realidade? O que fazer quando os educadores da base nem ao menos sabem manusear adequadamente as ferramentas tecnológicas primitivas e agora se encontram diante de uma revolução tecnológica nunca vista e com seres cada vez mais aptos?

Essas tecnologias já estão à venda e quando menos esperarmos, elas estarão nas nossas casas, nos nossos corpos. Estaremos vestidos, implantando em nossos corpos, vendo, controlando e sendo controlados todos os segundos da nossa existência. Como de alguma forma já somos. O que vai acontecer é apenas o aprimoramento de muito do que já conhecemos, com novas funcionalidades que serão vendidas e todos comprarão, porque há muito tempo estamos sendo doutrinados que precisamos de modelos mais atualizados de tudo que já possuímos. Essa ideia que é implantada pelas ferramentas de venda e disseminada pelas mídias, a qual já conhecemos.

Como vamos encarar tudo isso? Quando se trata das habilidades psíquicas dos humanos: vamos continuar dizendo que se trata de mera charlatanice ou que são doentes e anormais? Qual a distinção que faremos entre as habilidades dos seres humanos e as novas tecnologias?

O compartilhamento de informações será infinitamente maior do que já é hoje. Como podemos usar esse compartilhamento para incluir mais pessoas e encontrar a fórmula de equivalência para uma vida mais igualitária e menos exclusiva?

Quando falamos em *reset*, reinício, acredito que precisamos reiniciar muitos processos. O emprego como o conhecemos não irá mais existir. Não serão apenas os postos de trabalho em fábricas, em atividades de produção que irão desaparecer, sendo substituídos pela tecnologia. Mas também muitos serviços que vão desde serviços, médicos, farmacêuticos, advocatícios, de auditorias, entre outros.

Teremos que recomeçar do zero. Os modelos econômicos terão de ser revistos, os valores humanos reaprendidos e exercitados. Teremos de mudar as nossas mentes para novos padrões. Sair da dependência para a interdependência baseada na responsabilidade mútua, onde cada ser humano terá que se responsabilizar primeiro por si próprio, para daí ser capaz de se responsabilizar pelo outro e, consequentemente, pelo todo.

Será a vez de refazer a parceria com a terra, com a água, com todos os elementos da natureza. A vez de reaprender a produzir nossos próprios alimentos, só que fazendo para nós mesmos e conscientes do que iremos produzir e consumir. Teremos a oportunidade de deixar de estar à mercê do que encontramos na feira, no supermercado e na farmácia.

Se apurarmos a nossa atenção, o nosso olhar, vamos ver que isso já nos foi ensinado ao longo da história. Que tudo o que teremos que fazer para nos reencontrarmos como humanidade já foi dito ou ensinado por alguém do passado. O exemplo de Hipócrates, que ficou conhecido como o pai da medicina. Ele já dizia para fazermos do alimento nosso remédio. Mas, muito antes dele, esses conhecimentos já faziam parte do cotidiano de muitas civilizações. Porém, ao longo da história, a cada nova descoberta, junto com ela veio a ideia do fortalecimento de domínio e poder, exercido por alguns, enquanto a maioria se deixava seduzir pela moeda da facilidade.

As tecnologias agrícolas, que deveriam dar conta de produzir alimentos em abundância para toda a humanidade, o fazem, mas ainda temos fome no mundo. A modernização da medicina, que se aprimorou de forma exponencial, tratou mais de cuidar dos efeitos do que das causas. E, de novo, não está disponível igualitariamente para todos, mesmo nos países mais desenvolvidos. Por exemplo, nos EUA, onde a proporção de pobres é menor do que no Brasil, os pobres não contam com nenhum sistema de saúde sem que tenham que pagar por ele altas quantias. Muitos evitam, e quando não é possível, por vezes assumem dívidas impagáveis. “A oferta do serviço de saúde não está baseada no direito de cidadania, (...) é uma relação de mercado”, afirma Carlos Henrique Assunção Paiva, da Fundação Instituto Oswaldo Cruz.

O tão sonhado ***bem-estar****, que alguns acreditam ser mais merecedores que outros,* ***não existirá para ninguém.***

Se não reaprendermos, se não ressignificarmos nossos valores como raça, mesmo os novos e mais evoluídos humanos terão muitas dificuldades de viver neste planeta. O tão sonhado bem-estar, que alguns acreditam ser mais merecedores que outros, não existirá para ninguém.

Acredito que o que está por vir nos obrigará a redefinir valores e o *modus operandi* de todas as nossas ações enquanto humanidade.

Os 17 objetivos e 169 metas que compõem a agenda 2030 da ONU visam o alcance do desenvolvimento sustentável em todos os âmbitos.

“Cada objetivo e suas respectivas metas abordam aspectos diferentes que convergem pelo fato de serem essenciais para a viabilidade de uma sociedade sustentável”, afirma o documento.

Esse é, sim, um documento importante e uma iniciativa primordial. Mas necessitamos nos perguntar:

*Os 17 objetivos e 169 metas que compõem a agenda 2030 da **ONU** visam o alcance do **desenvolvimento sustentável** em **todos** os âmbitos.*

- Estamos de fato conscientes do que temos que fazer?
- Será suficiente?
- E, se não fizermos nem isso, que já estamos achando muito, mas que ainda nos deixará aquém da realidade que está por vir, como será?

Fica aqui mais um convite para a reflexão de como buscarmos o verdadeiro entendimento sobre o que é sustentabilidade e como alcançá-la.

CAPÍTULO 12

Geração 3000: um novo mundo para uma nova humanidade

Como será a sociedade que irão construir? Como nós iremos nos encaixar nesse novo mundo?

Revolução 4.0, tecnologias associadas, realidades virtuais e inteligência artificial. Terminologias que compõem um arsenal linguístico para tentar explicar, ou não, o que estão anunciando para os próximos anos.

Como pensar o mundo diante de tantas mudanças? Uma nova humanidade está prestes a se consolidar, considerando que a cada dia, a cada ser humano que chega, as transformações se fazem sentir, ficando cada vez mais evidente que são diferenciadas. As crianças de hoje definitivamente não são iguais às de antes. E isso não é força de expressão.

Essa transformação se evidencia e fica mais clara a partir dos anos 2000. Porém não são apenas as crianças e jovens que nasceram a partir dos anos 2000. Nesse período, apenas aumentou o número dos que apresentam cada vez maiores e diferentes habilidades. Mas, como já citamos, esses seres humanos vêm surgindo entre nós há muito tempo em menor quantidade e em diferentes momentos da história. Foram eles os responsáveis pelas mudanças profundas que vivemos hoje.

Pois como seria possível a existência de inovações que hoje se tornaram tão comuns, que tiveram suas bases em estudos e experimentos de mentes brilhantes, a exemplo do que nos legaram, com suas teorias, Einstein, Newton, Copérnico e tantos outros que se destacaram ao longo da história, mudando as crenças, o entendimento e a visão que se tinha sobre várias coisas, fazendo com que fosse alterado o modo de ver e entender tudo que nos cerca. Esses seres humanos eram raros e vistos como incomuns. Muitos sofreram por serem diferentes.

Segundo os cientistas e economistas de hoje, o que está prestes a ser colocado em uso não significa mais uma etapa do desenvolvimento tecnológico, mas sim o desdobramento desse desenvolvimento e a associação de tudo o que já existe, que associados amplificam as funcionalidades do que já foi desenvolvido, ao mesmo tempo que as potencializam. Essa declaração é um claro atestado do que mentes altamente capazes que vêm, ao longo de algumas décadas, construindo, testando e desenvolvendo tecnologias, sem se limitar ao que é palpável e visível, como a ciência que trata da simples matéria o fez até então.

Todo esse arsenal anunciado me faz pensar que é como uma preparação, quase como ferramentas, sendo colocadas à nossa disposição para que possamos conviver com os novos cérebros cada dia mais capazes e mais conectados com esse novo universo de coisas e inovações. Para aqueles que, como boa parte de nós, ainda não vieram com essas capacidades – como diria em uma linguagem produtiva, nossos cérebros não foram contemplados com essas habilidades em seu projeto original –, essas ferramentas tecnológicas servem para que possamos ter a possibilidade de nos equiparar a eles.

Como devemos pensar essa sociedade, já que com o aumento da expectativa de vida, vamos conviver com diferenças cada vez mais profundas e marcantes? A palavra diversidade não será mais usada apenas para expressar a existência de pessoas de diferentes etnias ou orientações sexuais, mas sim uma diversidade de mentes, cada uma com habilidades e capacidades únicas, convivendo e interagindo nos mesmos ambientes.

É dito que esses ***novos*** *seres* ***humanos*** *são* ***mais sensíveis****, mais* ***cooperativos,*** *mais* ***altruístas.*** *Seus parâmetros morais são outros.*

Fala-se que esses seres humanos chegam com novas e diferentes habilidades, consideradas incomuns para a maioria de nós, capazes de lhes dar essa mobilidade e naturalidade no trato com as máquinas e tudo aquilo que entendemos como artificial. As máquinas inteligentes. Ou seja, as chamadas inteligências artificiais, que muitas vezes nos parecem estranhas e assustadoras.

Mas também é dito que esses novos seres humanos são mais sensíveis, mais cooperativos, mais altruístas. Seus parâmetros morais são outros. Muitos dos preconceitos que alimentamos hoje, herdados das nossas crenças de certo e errado, para eles são tidos como algo natural. Como será a sociedade que irão construir? Como nós iremos nos encaixar nesse novo mundo? Qual deveria ser a contribuição dos que ainda detêm o poder administrativo e econômico e que estão bancando essas inovações, muitos pensando apenas em obter mais poder e ganhos financeiros, já que essa ainda é a tônica dos nossos tempos?

Uma nova base moral, ética e política terá de ser consolidada. Uma base para essa nova sociedade, capaz de garantir o equilíbrio e a harmonia entre diferentes seres humanos, terá necessariamente que se pautar em respeito, cooperação e amor.

Porém falar de respeito, de cooperação e amor, sem resgatarmos o verdadeiro significado dessas palavras, é como deixá-las na UTI da hipocrisia, onde estão presas. De onde não sairão sem sequelas.

1. Respeito

Respeito deve ser a base de todas as relações. Sejam elas com outras pessoas, na família, nos ambientes de lazer, no trabalho e com outros seres e a natureza como um todo. Com a compreensão de que não somos superiores, mas sim corresponsáveis.

O ambiente de trabalho é depois da família, onde temos as maiores, mais diversas e intensas interações. É também o espaço onde os conflitos aparecem, criando terreno fértil para o desrespeito, desgastando e adoecendo as relações.

Muitas vezes exercemos o poder sobre o outro, ***manipulamos*** *o* ***conhecimento*** *porque acreditamos que estamos* ***fazendo o melhor.***

Respeitar alguém não significa necessariamente concordar com ele, mas ser capaz de entender o seu ponto de vista, isentos das nossas convicções.

Quando tentamos impor o nosso ponto de vista, mesmo que pautados por técnicas que embasam o nosso pretenso saber, é um ato de desrespeito. O poder de convencimento, ao ser exercido, deve levar em conta o estreito limiar entre apontar a melhor opção e impor a minha vontade. Muitas vezes exercemos o poder sobre o outro, manipulamos o conhecimento porque acreditamos que estamos fazendo o melhor, ou mesmo porque não admitimos ou não conseguimos ter um olhar diferenciado.

O maior desrespeito é aquele que cometemos em nome dos nossos preconceitos, em defesa da nossa posição, seja ela técnica ou hierárquica.

Desrespeito nem sempre vem com palavras grosseiras ou atitudes indelicadas. O pior desrespeito é aquele para o qual conseguimos encontrar justificativas, como se assim pudéssemos tirar o prefixo DES- da palavra RESPEITO.

Respeitar e ser capaz de não condenar a posição do outro, mesmo não concordando.

2. Cooperação

Cooperar e não competir. Acredito que esse seja um enorme exercício de mudança de crenças e comportamentos solidificados, que propiciará um grande impacto em uma sociedade que está marcada pela crença de que a competição é um valor a ser cultivado.

Há que se entender que enquanto a competição expõe as fraquezas, a cooperação potencializa as forças. Basta temperarmos as nossas ações com a essência do respeito, que as forças a serem potencializadas terão a capacidade de alterar qualquer estrutura. A cooperação, a soma, está mudando o universo das tecnologias. Portanto, não deve ser diferente nas relações humanas. Se é a associação de tudo o que já existe no mundo tecnológico que torna capaz a amplificação e a potencialização das funcionalidades, por que as nossas capacidades, cada vez mais diferenciadas, não podem ser vistas da mesma forma? Por que temos que competir como se fôssemos todos iguais, com os mesmos recursos e capacidades, e sofrer quando não alcançamos o primeiro lugar?

A competição deixa clara a exclusão da maioria. Exclusão essa que começa pela escolha de quem vai competir, pois em todas as camadas da sociedade existe um filtro que coloca alguns para se digladiarem entre si. Os que vão lutar pelo pódio, expressão maior de vitória, onde só tem lugar para um no ponto mais alto. Dessa forma, todos os demais se sentem perdedores. Fazendo com que a vida, a partir dessa concepção, passe a ser encarada como uma batalha constante, dando mais certezas do fracasso do que do sucesso.

Os pilares que sustentam o modelo competitivo partem do princípio humano de busca pelo reconhecimento, que nesse modelo se traduz pelo desejo da fama (mito da celebridade), que tem a promessa de uma vida diferenciada, como principal ingrediente. Em outras palavras, a institucionalização do egoísmo.

A forma mais eficaz de estímulo para que não haja tantas desistências é transformar em modelo os poucos que alcançam esse patamar. E quanto mais difícil, mais valorizado é. Faz parecer que basta ser esforçado para ser igual.

O modelo de sociedade pautado pela competição venera o mais ágil, o mais esperto, aquele que chega primeiro, muitas vezes não importando o percurso ou se as bases são igualitárias para que o resultado possa ser considerado justo. O acúmulo de riqueza material e monetária dá a falsa sensação de superioridade, como se isso fosse um sinal de inteligência, pois afinal, quem consegue ter sucesso financeiro acredita-se que é no mínimo inteligente. Basta ser alguém que figure entre os mais ricos, para que sua opinião, em qualquer assunto, mesmo os que ele não domina, seja de alguma forma considerada, no mínimo divulgada.

Estamos tão condicionados a esse modelo que não paramos para avaliar, mesmo dentre os considerados potenciais vencedores, quantos de fato continuam e quantos ficam pelo caminho, como se nada mais lhes restasse. Pior. Sentem-se culpados, como únicos responsáveis por aquilo que entendem como fracasso, e quando não suportam esse peso, a vitimização torna-se inevitável, pois a medida é apenas uma. Só é valorizado quem vence dentro das regras preestabelecidas.

Esse modelo é tão bem engendrado que não há espaço para argumentações do conceito de sucesso que têm os chamados destaques como referência. Quando alguém ousa se manifestar de forma diferente é entendido como invejoso, entre outras denominações, sendo enquadrado na categoria de fracassado ou incompetente.

Um modelo que prega a igualdade, mantendo a estrutura que gera a desigualdade, não se sustenta mais.

A Geração 3000, que traz consigo uma sensibilidade mais aguçada, tem a tendência de quebrar essas barreiras. Mas a verdadeira transformação desse modelo não depende apenas dos próximos habitantes da Terra. A transformação deve passar pela mudança da nossa geração, na condição de seres humanos em desenvolvimento e formação. O resultado de tudo o que vivenciamos é a materialização dos nossos modelos mentais, que podem e devem se alterar para construir uma nova sociedade, tendo a cooperação como a base de um novo modelo de sociedade, onde o desejo mude de foco. Onde possamos entender o bem comum como o bem maior, e que não precisemos ser os primeiros, mas sim os que conseguem potencializar as forças de forma efetiva para a concretização dos objetivos traçados.

*O amor que **deve prevalecer** é o **amor** que liberta, que encontra **novas formas** de **compreensão**, que abre caminhos e mentes, que é responsável e não culpado, que ama porque ama, sem razão nem motivo.*

3. Amor

E o amor. Este teve o seu verdadeiro significado altamente distorcido e aplicado de formas as mais diferentes, muitas vezes para justificar os atos mais egoístas e perversos de que já tivemos conhecimento.

Matar em nome do amor, prender em nome do amor, sufocar em nome do amor. A lista é infinita. Também tem o amor motivado. Amo porque é meu filho, porque é meu pai, porque me faz feliz, porque se doa para mim.

O amor que deve prevalecer é o amor que liberta, que encontra novas formas de compreensão, que abre caminhos e mentes, que é responsável e não culpado, que ama porque ama, sem razão nem motivo. O professor

Clóvis de Barros Filho diz: “Onde existe amor, qualquer discurso ético é inócuo”. Isso porque o verdadeiro amor por si basta. Amor não acaba, não se transforma. O que acabam são as paixões a que fazemos questão de dar o nome de amor. O que se transforma são as motivações que encontramos para acreditar que amamos. O amor, sim, é capaz de transformar, e não o contrário. O amor é como metal precioso, não se deixa contaminar e não contamina o seu entorno. Ele apenas permanece sendo ele.

Um mundo estruturado pelo respeito, pela cooperação e pelo amor é um mundo onde a transparência e a consciência das implicações, tanto positivas quanto negativas, de cada ação, de cada passo dado, deverão tornar-se a tônica do comportamento humano. Já somos seres dotados de consciência. Ou seja, temos a capacidade de agir com ciência, e já fazemos isso. O que nos falta é um maior sentido ético – nos queixamos do comportamento alheio, mas agimos sob os mesmos princípios. É hora de transcendermos como humanidade.

__Temos__ a __capacidade de agir__ com __ciência__, e já fazemos isso. O que nos __falta__ é um __maior sentido ético.__

4. O uso do medo como ferramenta

Uma nova sociedade, com novos valores, com novas bases, deve parar de banalizar o medo, de usá-lo como ferramenta de controle e exploração.

Atualmente, vivemos em uma sociedade regida pelo medo. Técnicas de convencimento para levar vantagem e obter ganhos não se furtam em se utilizar das reações humanas, que em princípio existem como mecanismo natural para garantir a sobrevivência como espécie e que tão bem foram usadas ao longo da evolução humana, são propagadas indiscriminadamente e podem ser aplicadas em qualquer tipo de negócio ou situação.

As tão propagadas técnicas de vendas fazem uso dos chamados gatilhos mentais que mexem com nossos mecanismos naturais de defesa, os quais deveriam ser sagrados, e não banalizados. Esse uso indiscriminado tem levado a humanidade à pior pandemia que existe, a do medo. Sentimento que, quando em desequilíbrio, desencadeia ansiedade, insegurança, raiva, e pode levar a estados de adoecimento emocional e físico.

A forma como esses mecanismos vêm sendo usados na sociedade do consumo pode ser comparada a um vírus inoculado e manipulado em laboratório com mutações sob medida, pois são desenvolvidos a partir de estudos que calculam as reações humanas frente a determinados estímulos. Os chamados gatilhos mentais, que nada mais são que estímulos dirigidos ao nosso cérebro que influenciam a tomada de decisão, da mesma forma que o homem das cavernas se sentia estimulado a enfrentar, se esconder ou fugir das feras que o ameaçavam, fazendo uso do instinto de proteção e sobrevivência.

As ferramentas de persuasão, como são conhecidas, servem para levar o consumidor a tomar a decisão de compra de um bem ou serviço. O uso dessas ferramentas é ensinado com maestria nos cursos de vendas do chamado mercado do conhecimento, que trabalha em consonância com os valores centrais da sociedade que construímos e que tem suas bases nas relações mercantilistas.

Essas ferramentas são preparadas sob medida para disparar os gatilhos mentais, que têm o medo como sentimento central. A possibilidade da escassez, o medo da falta, desencadeia o sentimento de urgência, que faz o indivíduo buscar abrigo nos modelos que foram definidos como certos, com a promessa implícita ou explícita de pertencimento apenas por passar a usar um determinado produto ou serviço da moda. A partir desse uso indiscriminado e, por que não dizer, irresponsável do medo como instrumento para forçar que as pessoas aceitem e adquiram os bens ou serviços que estão sendo oferecidos, o significado do medo se perde. Antigamente, tínhamos medo de coisas reais, hoje temos medo do que a nossa imaginação cria, ou melhor dizendo, do que é estimulada a criar.

Uma nova sociedade precisa ser cunhada, usando de outro tipo de ferramental. A responsabilidade como instrumento que mede e aponta os limites do que é ético e factível, que é capaz de medir consequências e suas diferentes implicações, deve estar presente em todas as relações. Diante de dificuldades e equívocos, é a responsabilidade, como capacidade de encontrar respostas, que pode ser colocada diante de cada um, sem que esse sujeito se sinta coagido, mas sim estimulado a agir em busca de resultados que contemplem o maior número possível de pessoas e sistemas, e não impelido por ganhos individuais ou de pequenos grupos.

Diferentemente do modelo atual, onde a competição e a culpa ocupam os espaços entre as relações e moldam as atitudes, mesmo as propagadas como nobres. Como já citamos. Se observarmos um pódio, nele só há espaço para um primeiro lugar. As competições, mesmo no esporte, ramo propagado como salvador e educador, são na verdade uma fábrica de frustrações. Porque dele foi extirpada a sua essência, o seu verdadeiro significado. Divertir-se. Os esportes foram criados para aliviar as tensões; melhorar as mentes. A origem das olimpíadas tinha esse caráter. Mas e atualmente? Se pegarmos como referência as Olimpíadas de Tóquio, onde 11.000 atletas competiram em 46 modalidades, tivemos no máximo 138 premiados, entre equipes e modalidades individuais, apenas 0,42% desse contingente saiu se sentindo plenamente recompensado, os outros 0,83%, com raras exceções, saíram com o sentimento de que faltou alguma coisa. E a imensa maioria, 98,75%, saiu com sentimento de derrota. Claro que aqui, nesta minha conta, estou considerando apenas uma pessoa mesmo para as modalidades coletivas. Porém, mesmo que mude a conta, o cenário ainda continua o mesmo.

A quase totalidade dos atletas, quando entrevistada após a conquista de uma medalha, traz a lembrança do sacrifício, do sofrimento. A premissa de que se não disser ao mundo que sofreu, seu prêmio não está completo, e não será valorizada.

Essa premissa permeia todas as relações, a começar pela maternidade. A frase "ser mãe é padecer no paraíso", ainda usada para enaltecer o papel materno, fez da mulher um ser que busca inconscientemente o sacrifício para se sentir respeitada. O medo da falta de aceitação e do julgamento também está presente nas relações como ingrediente para sustentar esse modelo.

Como seria viver sem medos? Não falo do instinto de proteção que nos traz a consciência de perigo real. Mas sim dos medos implantados usados para controle e manipulação.

O ser humano sempre foi, é e será cada vez mais capaz. Porém, se não entendermos as nossas emoções, continuaremos deixando que nos envolvam e nos aprisionem a partir de nós mesmos.

O caminho para nos livrarmos do medo banalizado é a responsabilidade e transparência. Quando esse comportamento se tornar padrão, nossos medos se reduzirão automaticamente. O julgamento vindo de fora deixará de existir, porque à medida que me torno responsável por todos os meus atos, serei responsável também pelos efeitos dos meus julgamentos para com os outros.

*Há quem diga que não devemos expor tudo, que há de se ter **cuidado** quando **falamos** em **transparência**, que **nem tudo** é digno de ser **compartilhado.***

Isso não irá impedir que erros aconteçam, mas fará com que a busca de soluções se torne mais eficaz, à medida que todos assumam a responsabilidade pelos seus atos, cooperando e respeitando as limitações e as capacidades uns dos outros de forma amorosa.

A transparência é outro fator importante. Quando deixarmos de ter medo de julgamentos escusos, mas aprendermos que precisamos responder pelos nossos atos, a transparência se fará necessária e não mais assustará. Embora há quem diga que não devemos expor tudo, que há de se ter cuidado quando falamos em transparência, que nem tudo é digno de ser compartilhado. Penso que, em uma sociedade de pessoas responsáveis e emocionalmente maduras, a transparência é uma grande aliada. Segundo afirmações de alguns especialistas descritas no capítulo 7 e que estão no livro *Pedagogia 3000*, de Noemi Paymal, muitos dos seres humanos dessa geração já chegam com capacidades de clarividência e clariaudiência, entre outras. Sendo assim, a transparência não será mais uma opção, mas sim uma condição que não vai depender de ferramentas tecnológicas, mas da capacidade de saber e compartilhar intenções e atos.

CAPÍTULO 13

A Geração 3000 e os vários olhares

Algumas das características indicadas pelos professores também foram assinaladas anteriormente pelos líderes, vemos aqui, por meio das respostas uma conexão, olhares diferentes indicando particularidades observadas em seus contextos.

Quando comecei a escrever sobre este assunto, tinha apenas o meu olhar e as informações e visões trazidas por profissionais que contribuíram com os estudos da autora Noemi Paymal, publicados no livro *Pedagogia 3000*. Pois foram esses estudos que me trouxeram as primeiras respostas. Sendo a principal delas a de que eu não estava fantasiando uma realidade.

Após ler muito sobre o tema e pesquisar as mais diferentes áreas do conhecimento, resolvi investigar como os diferentes grupos de pessoas, incluindo os adolescentes e jovens dessa geração, percebem as mudanças ou características que são mais evidentes. Ou se percebem.

A pesquisa abrangeu quatro grupos: adolescentes e jovens, pais, professores e líderes empresariais.

Sob a orientação e acompanhamento da Profª. Andreia Vieira Maia, pesquisadora, mestra em Educação pela Universidade do Planalto Catarinense- Uniplac e professora do Atendimento Educacional Especializado (AEE), onde desenvolve pesquisas na área, incluindo crianças com altas habilidades/superdotação, que, além da orientação e acompanhamento, também fez a análise do conteúdo da pesquisa. Andreia também me a honra com o prefácio deste livro.

A pesquisa teve por objetivo evidenciar as mudanças neurofisiológicas e psicoemocionais de crianças, adolescentes e jovens nascidos a partir dos anos 1990, como e se esses grupos percebem essas mudanças.

A VISÃO DOS JOVENS E ADOLESCENTES

Os jovens e adolescentes se classificam na sua maioria como: questionadores, amorosos, observadores e extrovertidos. Quando perguntados se tinham alguma habilidade incomum, 51,1% disseram não achar ter algum tipo de habilidade considerada incomum, já 42,9% responderam que percebem algum tipo de habilidade incomum, como por exemplo a facilidade em aprender e edição de imagens.

Quanto à dificuldade de relacionamento, 71,4% dizem se relacionar bem com todos, principalmente com pessoas mais velhas; 85,7% relataram lidar com ansiedade, e desses, 60% fazem tratamento de saúde para Síndrome do Pânico, depressão, alergias, asmas adenoides e amigdalite.

Essa constatação evidencia uma espécie de angústia em relação a tudo o que os cerca, complementado com o tema a seguir.

Quando abordados sobre sonhos, destacamos: como encaram a vida; falam de desesperança e sentem a necessidade de se tornarem exemplo, uma referência para a própria família.

Veem no trabalho/carreira profissional a fonte para alcançar esse status de referência. Entre as profissões, aparecem: medicina, engenharia civil, o mercado digital como animação computadorizada. O local de trabalho mais desejado é o livre, *home office*.

Todos desejam alcançar o tão sonhado sucesso financeiro (riqueza, estabilidade financeira, ganhar dinheiro). Porém associado a um propósito. Ter o trabalho como propósito de vida. Aparecendo o desejo de conhecer o mundo, de ter liberdade geográfica, não esquecendo o lado ecológico. Preocupação com os animais.

*Percebe-se claramente que as **relações** e os **valores são outros**, se comparados às gerações anteriores.*

Percebe-se claramente que as relações e os valores são outros, se comparados às gerações anteriores. Quando se trata de identidade, o uso de pronomes neutros, que é uma linguagem dessa nova geração influenciando o vocabulário, ao se referir a parceiros.

Vemos o veganismo vindo como uma corrente que atende a essa consciência de conservação ambiental e animal.

A busca pelo conhecimento com sentido e propósito, que traga satisfação, que atenda a uma necessidade.

Nesse sentido, podemos fazer uma discussão sobre o conhecimento e a capacidade de compartilhamento dos saberes sociais como laço social.

Pierre Levy aborda esse conceito da elaboração de uma inteligência coletiva, que teria como alguns indicativos as questões citadas nos sonhos desse grupo pesquisado, influenciado pela tecnologia, refletindo a cibercultura.

O trabalho coletivo permitiu o desenvolvimento de redes, o intercâmbio de informações e novas formas de acesso, construção e compartilhamento de conhecimentos com o auxílio do computador, junto com a teoria do pensamento cibernético, que é a realidade dessa geração.

O veganismo, como já citado, fica evidenciado quando falam sobre suas preferências alimentares. Entre as principais, estão: sushi, macarrão com brócolis, maçã verde, crepioca, picolé (milho), feijão, comida italiana, pizza, tortéi (uma espécie de ravioli com recheio de moranga), bobó de cogumelo, ambrosia, tudo que não contém carne e hambúrguer.

Quando abordados sobre os alimentos de que não gostam, o primeiro item é carne. Aparecendo também: azeitona, pimentão, pepino, polenta, chuchu, fígado, tomate e ervilha.

Percebemos aqui que existe uma cultura globalizada, na escolha dos alimentos. Vemos referências da cultura americana, cultura japonesa, italiana e brasileira. A cultura sendo vista por meio da alimentação.

*O **veganismo**, como já citado, fica **evidenciado** quando falam sobre suas **preferências alimentares.***

Quando abordados sobre sensibilidades:

- 71,4% relataram não ter sensibilidade à luz e 28,6% declararam que sim, têm essa sensibilidade;
- 14,3% declararam ter sensibilidade visual (luz do celular foi um dos exemplos) e 85,7% disseram não ter nenhum tipo de sensibilidade visual;
- 87,7% declararam sensibilidade a ruídos e 14,3% disseram não ter essa sensibilidade auditiva;
- 57,1% declararam não ter pele sensível e 42,9% disseram que sim, sentem sensibilidade acima da média;
- 71,4% declararam não ter sensibilidade a odores e 28,6% confirmaram ter algum tipo de sensibilidade, como a perfume, desodorante, pimenta e cebola.

O objetivo com as questões de sensibilidade sensorial foi verificar se existe alguma mudança sensorial nessa geração, que é público-alvo da pesquisa.

A desordem sensorial, vista pela medicina convencional, é um transtorno de processamento sensorial, também pode ser referido como um distúrbio de integração sensorial ou uma disfunção de integração sensorial. Indivíduos com um transtorno de processamento sensorial têm dificuldades à interpretação de entrada sensorial, como pontos turísticos, sons, gostos, cheiros, toque e movimento. Algumas crianças têm hipersensibilidade em seus sentidos, que significa que têm uma resposta exagerada aos estímulos, enquanto outras são hipossensitivas que significa que têm uma discreta resposta aos estímulos. Indivíduos com um transtorno de processamento sensorial podem ter dificuldade com funcionamento todos os dias. Eles podem ter dificuldade em manter a família ou relações sociais. Além disso, eles podem apresentar problemas comportamentais ou emocionais. Indivíduos com essa desordem correm o risco de ter dificuldade com a aprendizagem e podem desenvolver uma baixa autoestima. Os sintomas geralmente começam na infância; no entanto, eles podem ser inconsistentes e cada criança pode exibir uma combinação diferente dos sintomas.

Nesse sentido, por meio dos dados percebe-se que a sensibilidade auditiva aos ruídos foi a que mais se destacou dentre todas.

Essa sensibilidade é facilmente associada ao uso das tecnologias e de uma cultura cibernética, onde somos afetados por vários ruídos que passam dos decibéis considerados adequados à nossa audição. Os usos de fones de ouvido também fazem parte desse contexto. Nas grandes cidades, a margem de decibéis é ultrapassada constantemente, principalmente nas ruas e avenidas.

Esse bombardeio sensorial pode afetar diretamente pessoas com problemas de ansiedade, porque existe dificuldade em administrar de forma equilibrada a questão sensorial. Nessa pesquisa com esse público, 85,7%

afirmaram ter problemas de ansiedade e 14,3% disseram não ter problemas relacionados à ansiedade.

Aqui fica a pergunta: é resultado do mau uso tecnológico ou são eles, de fato, mais sensíveis?

Outra hipótese é que realmente suas estruturas neurofisiológicas são diferentes.

Quanto ao tempo de sono:

- 42,9% responderam que dormem em média 8 horas por dia;
- 28,6% responderam que dormem em média 5 horas por dia;
- 28,6% responderam que dormem em média 10 horas por dia;
- 0% respondeu que dorme mais que 10 horas por dia.

Nesse item, vemos que a maioria tem uma rotina de sono de 5 a 8 horas por dia, o que difere da visão que tínhamos de que adolescentes dormem muito. O que pode ser um outro fator de mudança para os jovens dessa geração.

Estudos revelam a importância do sono. Por que o sono é tão importante?

Estudos apontam que o sono irregular pode trazer problemas sensoriais, psicológicos, físicos e até de humor. Afetando de alguma forma nosso relacionamento no trabalho, devido ao cansaço e estresse, irritabilidade, entre as causas apontadas está a exposição prolongada no uso das tecnologias, o que deve ser um ponto de atenção.

A alta conectividade na contemporaneidade é um reflexo de uma cultura cibernética, que de certa forma muda as relações interpessoais, enfraquecendo as relações reais em detrimento das virtuais, os jovens podem estar buscando nessa conectividade "formatar" sua personalidade, tendo como base o virtual, que é inconstante e em fluxo.

Vimos nos noticiários o início de uma transição tecnológica virtual, que é o metaverso. O que é metaverso?

A palavra metaverso é uma junção do prefixo "meta" (que significa além) e "universo"; o termo é normalmente usado para descrever o conceito de uma interação futura da internet, composta de espaços virtuais 3D persistentes, compartilhados, vinculados a um universo virtual e real percebido.

A aplicação futura é a de que o usuário poderá fazer quase tudo que sua imaginação permitir, como trabalhar, se reunir com familiares ou amigos, brincar, estudar, jogar, fazer compras, realizar criações, participar de esportes, conferir notícias e várias outras coisas nesse universo virtual.

Grandes marcas como o Facebook já estão transacionando para essa nova realidade, que com os investimentos poderá estar acessível em pouco tempo, e de forma ampla ser disponibilizada na rede. Essa geração da conectividade, que já tem grande apego à tecnologia, logo estará inserida de forma natural a esse novo contexto, com mentes e ideias alinhadas para seguir o fluxo e buscar no virtual sua nova realidade real, em detrimento dos relacionamentos orgânicos.

*Essa **geração** da **conectividade**, que já tem grande **apego** à **tecnologia**, logo estará **inserida** de forma natural a esse **novo contexto**, com mentes e ideias alinhadas para seguir o fluxo e buscar no virtual sua nova realidade real.*

As novas conexões de uma nova realidade!

Será possível realizar encontros familiares no metaverso, como reuniões de trabalho, lazer, competições virtuais, casamentos, construir cidades e compartilhar com membros selecionados.

O metaverso é considerado o futuro das relações sociais, esse termo não é novo, ele foi criado na década de 1990 por Neal Stephenson, que citou pela primeira vez o termo no seu livro *Snow Crash* (publicado no Brasil como *Snow Crash* e *Nevasca*), de 1992. No livro de ficção científica, a palavra se referia a um mundo virtual em 3D, habitado por avatares de pessoas reais.

Apesar da criação do termo ser atribuída a Stephenson, a ideia de um mundo virtual está presente na ficção há bastante tempo e em diversas formas. Filmes como Matrix, Tron e o recente Ready Player One, inspirado no livro de Ernest Cline, são três universos altamente populares que abordam o conceito de metaverso em diferentes formas.

A VISÃO DOS PAIS

Quando analisamos as respostas dos pais, observamos:

Idade dos filhos:

- 83,3% têm entre 12 e 17 anos de idade;
- 16,7% têm cerca de um ano de idade;
- Cerca da metade dos pais participantes assinalou que lida com ansiedade e tratamento de saúde contra depressão e distúrbios hormonais.

*Será **possível** realizar **encontros** familiares no **metaverso**, como reuniões de trabalho, lazer...*

Características ligadas às emoções dos filhos:

Apontam com maior frequência basicamente as mesmas características que os jovens e adolescentes apontaram: amorosos, carismáticos, observadores, questionadores, calmos e tranquilos. Também aparecendo os termos: rebeldes, extrovertidos, tímidos, desafiadores, agitados, otimistas e altruístas.

As opções "hiperativo" e "inquieto" não foram assinaladas por nenhum dos pais, nesse sentido, podemos fazer uma inferência nesse item, porque a maioria dos filhos está na adolescência. Assim como 33,3 % assinalaram não observar nenhum comportamento incomum, 66,3% relataram sensibilidade incomum, como "muita empatia dentro do comportamento emocional, demonstrando saber lidar com facilidade com desafios colocados", "frieza" e "tratar bichos de pelúcia como se tivessem vida ou sentimentos".

A hipótese mais comum apontada por especialistas é que, dependendo da idade, é comum as crianças tratarem objetos com empatia, tratando-os como seres vivos, já que ainda estão em processo de desenvolvimento sobre o "eu" e o "outro", aprendendo a fazer distinções.

Mas podemos elencar aqui outra hipótese: a de que essas crianças estão cada vez mais sensíveis, a ponto de conseguirem perceber uma dimensão que nós não percebemos.

Os pais, quase em sua maioria, assinalaram características positivas em relação aos filhos, um sinal de bom relacionamento com seus filhos e de que os veem de forma positiva. Mas o aspecto "frieza" chama a atenção, nos levando ao tópico "desafios e dificuldades dos pais para lidarem com seus filhos".

Entre as dificuldades e desafios apontados, estão:

- Isolamento social;
- Amizades digitais;
- Incerteza de que o filho está realmente sabendo lidar emocionalmente com os próprios conflitos e de que isso possa prejudicar futuramente;
- Personalidade;
- Cansaço;
- Preguiça (achar tudo difícil);
- Desconstruir conceitos de que o convívio social é desnecessário;
- Frieza.

Quando olhamos para os apontamentos anteriores, é possível inferir que os efeitos no mundo moderno podem ter sido reforçados pelos efeitos da pandemia – a Covid-19 pode ter potencializado atitudes, emoções de incerteza, isolamento, convívio social, a ênfase que está sendo dada aos relacionamentos digitais em detrimento dos reais –, levando ao enfraquecimento das relações humanas.

Nesse sentido, podemos citar o trabalho do sociólogo Zygmunt Bauman, que criou o termo "relações líquidas".

Segundo o sociólogo Zygmunt Bauman, o mundo atual vive um momento de frouxidão nas relações sociais. Essa fase de amor líquido representa um declínio das sólidas relações humanas, posto que, por meio de aparelhos como as redes sociais, a amizade, o amor e o respeito entre as pessoas são facilmente descartáveis.

Mas também podemos dizer que os pais ainda não sabem como lidar com seres que possuem estruturas psicoemocionais e neurofisiológicas que determinam um comportamento diferenciado, das quais eles nem fazem ideia.

- Em relação à neurofisiologia, as respostas corroboraram as dos jovens e adolescentes:
- 50% dos pais relataram perceber algum tipo de sensibilidade à luz em seus filhos e outros 50% relataram não perceber;
- Sensibilidade a ruídos: 66,7% (sim) e 33,3% (não);
- Alergia à lactose e dermatite atópica sob investigação, perfume, foram indicados;
- Sensibilidade visual e tátil: 66,7% (sim) e 33,3% (não);
- Sensibilidade a odores: a maioria relatou observar em seus filhos algum tipo de sensibilidade;

- Preferência alimentar: salada, massas, pães, doces, verduras, comida japonesa e proteínas;
- Alimentos com algum tipo de rejeição: carnes, mamão, frutas, doces e saladas em geral;
- Problemas de saúde: a maioria relatou que seus filhos não têm problemas de saúde, apenas um entrevistado relatou sobre rinite alérgica, asma e sinusite crônica;
- Horas de sono na 1ª Infância: 50% (média de 10 horas), 16,7% (mais que 10 horas), 33,3% (média de 8 horas).

*O **mundo** atual **vive** um momento de **frouxidão** nas **relações** sociais.*

VISÃO DAS LIDERANÇAS

Perfil dos entrevistados:

- Média de idade:
  - 31 a 50 anos – 66,7%;
  - Mais de 51 anos – 33,3%.
- Área de atuação: atuam na área há mais de dez anos e têm na sua equipe 100% de funcionários com menos de 30 anos de idade.
  - Administração;
  - Segurança Privada;
  - Administração Comercial.

Formação acadêmica

- Administração;

- Pós-graduação;
- Ensino Superior.

Conclusão: 33,3% dos participantes em liderança se consideram ansiosos, fazem tratamento de saúde e tomam algum tipo de medicamento, e 66,7% disseram não ter problemas com ansiedade, nem fazem algum tipo de tratamento, nem tomam medicação.

Sobre as características psicoemocionais

Essas lideranças deram indicadores de desafios que enfrentam com essa geração que tem menos de 30 anos de idade e é sua funcionária:

__Participantes__ em liderança se consideram __ansiosos, fazem tratamento__ de saúde e __tomam__ algum tipo de __medicamento__.

- Lidar com as expectativas de cada funcionário;
- Desafio de reter na empresa, já que existe um fluxo de troca de empregos;
- Lidar com a ansiedade deles;
- Proporcionar estímulo no trabalho;
- Valores;
- Para esses líderes, seus liderados são questionadores e inquietos; características que mais se destacam e com menos destaque, mas que foram observadas: timidez, calma, tranquilidade, amorosidade, hiperatividade e poder de observação;
- Interessante ressaltar que os líderes não indicaram comportamentos: rebeldes, carismáticos, extrovertidos, desafiadores, agitadores, otimistas e nem altruístas;

- Eles sabem de casos entre os liderados de déficit de atenção e hiperatividade;
- Indicaram não saber da existência de problemas de ordem física ou emocional entre os liderados.

Nesse sentido, podemos traçar um perfil desses liderados, que acabam refletindo características próprias dessa geração de pessoas com menos de 30 anos que buscam empregos ou empresas que tenham valores, que também estejam alinhados ao que acreditam, questão dos estímulos para permanecerem nessas empresas, as inquietudes a questionamento também refletem essa geração que busca compreender os comandos e visão, isso gera também inquietude e ansiedade.

Sobre os líderes não saberem sobre problemas físicos ou emocionais de seus liderados, isso reflete talvez uma relação de falta de confiança, abertura para diálogo, empatia, a competitividade, ser vulnerável em uma empresa pode não ser algo bem-visto. Aqui podemos destacar a questão da saúde emocional, que reflete também no físico.

Em relação à neurofisiologia

Os líderes não têm conhecimento de casos relacionados a algum tipo de sensibilidade a luminosidade, visual, ruído, odor, alergia e de pele.

- Lateralidade: a maioria dos liderados é destra.

Esse é um setor que carece de sensibilização para uma realidade que está posta, porém não vista.

VISÃO DOS PROFESSORES

Perfil dos participantes

- Média de idade:
  - » 31 a 50 anos – 66,7%;
  - » Mais de 51 anos – 33,3%.
- Área de Atuação: AEE, Educação Especial e Professor Regente, sala regular.
- Tempo de atuação:
  - » mais de 10 anos – 66,7%;
  - » 5 a 10 anos – 33,3%.
- Formação: mestres e especialistas;
- Atendem a 77 alunos, média de 18 a 38;
- 66,7% não se consideram ansiosos, não fazem atendimento médico e nem usam medicação regular;
- 33,3% assinalaram que se consideram pessoas ansiosas, tendo acompanhamento médico e psicológico, fazendo uso de medicação.

Característica psicoemocional

Esses professores deram indicadores de desafios que encaram frente a essa geração de crianças e jovens, dentre os quais:

- Falta de concentração e interesse pelos conhecimentos acadêmicos;

- Manter a regularidade nos atendimentos em função da pandemia, faltosos, devido aos sintomas gripais;
- Alunos não alfabetizados cursando o 4º ou 5º ano.

Sobre as características que observaram nos alunos, os participantes assinalaram: tímidos, desafiadores, questionadores, calmos, tranquilos, amorosos, observadores e hiperativos.

*As **mudanças** neurofisiológicas aparecem de **forma** mais **superficial** com poucas evidências.*

Quanto às características neurofisiológicas

Os professores nesse item indicaram conhecimento de alunos com hiperatividade, todavia não indicaram observações quanto à sensibilidade visual e alergia.

Indicaram ter conhecimento de alunos com sensibilidade à luz, sensibilidade na pele, odor e problemas de saúde. Sobre hábitos alimentares, indicaram ter conhecimento de rejeição a arroz e feijão.

Algumas das características indicadas pelos professores também foram assinaladas anteriormente pelos líderes, vemos aqui por meio das respostas uma conexão, olhares diferentes indicando particularidades observadas em seus contextos.

Sendo incluídos: o desinteresse pelo conhecimento acadêmico, a questão do analfabeto funcional, a hiperatividade aparecendo também junto com a atenção indicando TDAH.

Alinhamentos finais

Voltando ao objetivo da pesquisa, que é o de "evidenciar as mudanças neurofisiológicas e psicoemocionais de crianças, adolescentes e jovens nascidos a partir dos anos 1990", os dados obtidos apontam para a percepção maior quanto às mudanças psicoemocionais, que foram as mais evidenciadas em todos os grupos.

As mudanças neurofisiológicas aparecem de forma mais superficial com poucas evidências. A hipótese: de que é algo muito novo, e que principalmente aqueles que não têm uma relação próxima com essa geração não conseguem perceber. Temos a tendência de não nos atermos a essas diferenças como algo novo ou merecedor de atenção. Pois, na maioria das vezes, quando evidenciadas são logo vistas como um problema, uma anomalia que preferimos ignorar a ter que lidar com ela. Isso aconteceu comigo.

Não descartamos aqui a hipótese de que o contexto cultural, social e tecnológico também tem influenciado essa geração pesquisada de forma constante, com uma grande carga de informações que precisariam ser filtradas por meio de inteligência emocional para se manter em equilíbrio o biopsicossocial.

Não descartamos aqui a hipótese de que o ***contexto*** *cultural, social e tecnológico também tem* ***influenciado*** *essa* ***geração*** *pesquisada.*

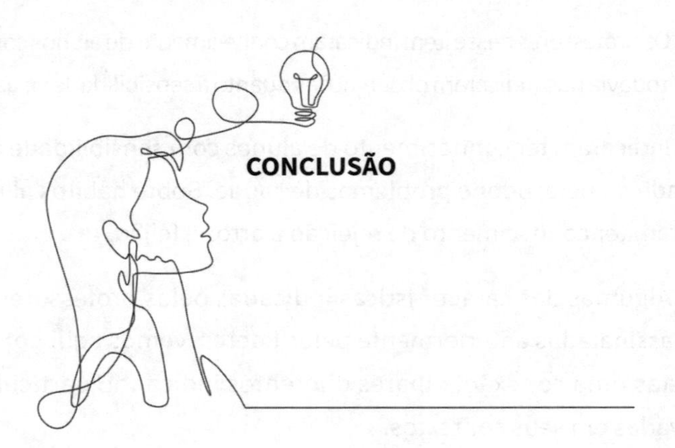

CONCLUSÃO

Convites!

Desejo concluir este livro fazendo dois convites:

Primeiro às lideranças, dos mais diferentes níveis. Seja na família, na escola, em um pequeno negócio ou em uma grande organização, para que voltem os seus olhares para o ser humano que está à sua frente e sejam capazes de ver ali a grande oportunidade de evolução da vida. Que substituam o medo das incertezas pelo desejo de saber. Que não deixem de exercer o papel de comando, mas que o façam sem a pretensão de estarem sempre certas, que deixem a ambição de querer mandar para comandar, aprendendo com cada um e com as suas diferenças, que se disponham a aprender e a reaprender todos os dias com o novo e o diferente. O mundo está clamando por lideranças mais empáticas e inovadoras. Não há como ser inovador sem a coragem de ser diferente.

Desejo concluir este livro fazendo um convite às instituições de ensino, mais especificamente às universidades que se debruçam na busca de novos conhecimentos com suas pesquisas, de onde são tiradas as bases para a construção de novos saberes. Sonho com uma pesquisa ampla envolvendo diversas especialidades, como: psicologia, psiquiatria, pediatria, neurociência, dermatologia, otorrinolaringologia, fonoaudiologia, entre outras. Não esquecendo a espiritualidade que, felizmente, já é matéria de estudos universitários e que tem sido uma das poucas capazes de olhar o ser humano além da simples matéria. Que seja construída a muitas mãos, mentes e corações.

Que sejam colocadas em prática concomitantemente, com o propósito de olhar de diferentes ângulos para um mesmo objeto de pesquisa e que as descobertas/conclusões possam ser compartilhadas, comparadas, e que, a partir do cruzamento dessas informações, seja construído o que gostaria de chamar de um mapa orientador e localizador de nós mesmos como espécie. Capaz de nos mostrar as diferentes alternativas e caminhos, apontando todos os pontos. Não apenas as barreiras, os desfiladeiros, as terras áridas e os pântanos. Mas, acima de tudo, os terrenos férteis, as nascentes, as minas de materiais preciosos que, até agora, por falta de ferramentas para explorá-los e cultivá-los, mais ainda, por medo do que possa ser extraído ou produzido, não exploramos ou cultivamos.

Quem sabe, não possamos descobrir que, em vez de diagnosticar novas anomalias, possamos identificar novas potencialidades... Que em vez de tratar síndromes ou doenças, possamos trabalhar com novos e diferentes potenciais. Que não se trata de doenças, mas sim de diferenças. Que o que esses novos seres humanos necessitam é de um novo modelo de sociedade capaz de acolhê-los, compreendê-los e amá-los como são, e não de químicas e técnicas que os façam se enquadrarem ao que hoje é considerado normal, que o novo normal, termo que incorporamos em nosso vocabulário com a pandemia, ganhe o seu verdadeiro significado, que passemos a não ter tanta rejeição ao diferente, por medo ou incapacidade de lidar com ele.

Talvez essa empreitada necessite não apenas de uma universidade, mas sim de várias, todas trabalhando juntas. O mundo necessita de mais cooperação. Os conhecimentos a ser produzidos necessitam de amplitude e profundidade somados, não basta serem amplos e sem profundidade, nem serem profundos e fragmentados. As respostas que buscamos não são simples. Pelo menos não se considerarmos o contexto atual e os modelos existentes adotados para o desenvolvimento de pesquisas. Isso porque as pesquisas com os maiores investimentos são aquelas voltadas para fins comerciais, motivadas pela lógica da competição e ganhos financeiros como meta final.

Por essa razão, o meu convite tem por objetivo principal, e tão somente, o estímulo a parcerias que tenham como ideal colocar luz sobre uma realidade, que por vezes se apresenta tão sombria.

Que possa trazer maior clareza, e por que não dizer, mais leveza para as relações humanas, que deixemos os rótulos de lado para nos relacionarmos respeitosamente, apesar das nossas diferenças. Que as diferenças deixem de ser motivos de divisão e subtração e passem a ser fatores de soma, multiplicação e potencialização de um modo de vida verdadeiramente humano.

Meus agradecimentos a cada um que dedicou o seu tempo para ler o que escrevi.

Muito obrigada!

Iracy

Quando o mundo estiver unido na busca do conhecimento, e não mais lutando por dinheiro e poder, então nossa sociedade poderá enfim evoluir a um novo nível.

Steven Pressfield

Referências

ALVES. M.E. *Síndrome de Burnout.* Psychiatry Online Brasil, 2017, v.22, n.9.

ARAÚJO, V.J. *Por que a reencarnação passou a ser condenada pela igreja católica.* Portal do Espírito. Publicado em 20/5/2015. Disponível em: <https://espirito.org.br/artigos/porque-reencarnacao-passou-condenada-igreja-catolica-3/>.

BARRETO, M.M. *Pandemia evidencia desigualdade e dificuldade de acesso a saúde nos Estados Unidos.* Extra Classe. Publicado em 11/4/2020. Disponível em: <https://www.extraclasse.org.br/saude/2020/04/pandemia-desigualdade-dificuldade-acesso-a-saude-estados-unidos/>.

BLASCO. L. *O surpreendente efeito da positividade tóxica na saúde mental.* BBC News Mundo. Publicado em 14/12/2020. Disponível em: <https://www.bbc.com/portuguese/geral-55278174>.

BRASIL. *Constituição da República Federativa do Brasil.* Brasília. DF: Centro Gráfico, 1988.

CALVINO, J. *Seis propostas para o Novo Milênio.* Editora Companhia das Letras, 1990.

CAMPOS, V.F. *O verdadeiro poder.* 2.ed. Editora Falconi, 2009.

CAPRA, F. LUISI, P.L. *Visão sistêmica da vida: uma concepção unificada e suas implicações filosóficas, políticas, sociais e econômicas.* Editora Cultrix, 2014.

CASAROTTO, C. *Dossiê das gerações: o que são as gerações Millenials, Gen Z, Alpha e como sua marca pode alcançá-las.* Rock Content. Publicado em 14/7/2020. Disponível em: <https://www.google.com/search?q=Comportamentos+geracionais%3A+como+as+gera%C3%A7%C3%B5es+se+diferenciam&oq=Comportamentos+geracionais%3A+como+as+gera%C3%A7%C3%B5es+se+diferenciam&aqs=chrome.0.69i59.1319j0j4&sourceid=chrome&ie=UTF-8>.

COLLINS, F. S. *A linguagem de Deus.* Editora Gente, 2007.

DESMURGET, M. *A fábrica de cretinos digitais: os perigos das telas para nossas crianças.* Editora Vestígio, 2021.

EINSTEIN. A. Wikipédia. Disponível em: <https://pt.wikipedia.org/wiki/Albert_Einstein>.

ENSINO DIGITAL. *Celebridades com Síndrome de Asperger.* Publicado em 28/8/2021. Disponível em: <https://ensino.digital/blog/celebridades-com-sindrome-asperger>.

FILHO, C.B. Amor. *Documentários 10.* YouTube. Disponível em: <https://www.youtube.com/results?search_query=clovis+de+bairos+filho+amor+expmangment>.

FOLLADOR, R. *Velho uma ova.* Paraná Portal. Publicado em 24/9/2020. Disponível em: <https://paranaportal.uol.com.br/opiniao/de-olho-no-futuro/velho-uma-ova/>.

FRUCTUOSO, P.C. *Evolução, religião e ciência.* YouTube. Disponível em: <https://www.youtube.com/watch?v=G4bkmDhf0XA>.

FRUCTUOSO, P.C. *Civilizações Universais.* YouTube. Canal Círculo Escola. Disponível em: <https://www.youtube.com/watch?v=ycPvnqJTps4>.

FRUCTUOSO, P.C. *Medicina mediúnica do futuro.* Editora Frei Luiz, 2019.

GATES, B. Wikipédia, 2022. Disponível em: <https://pt.wikipedia.org/wiki/Bill_Gates>.

GOGH, V.V. Wikipédia, 2022. Disponível em: <https://pt.wikipedia.org/wiki/Vincent_van_Gogh>.

HOWE, N. *A teoria das gerações e as crises.* A mente maravilhosa. Publicado em: 17/9/2020. Disponível em: <https://amenteemaravilhosa.com.br/neil--howe-teoria-das-geracoes/>.

IBGE. Instituto Brasileiro de Geografia e Estatística. Disponível em: <https://censo2010.ibge.gov.br/sinopse/index.php?dados=4&uf=00>.

LIBÉRATION. Humanidade evoluiu e ficou de pé dentro do útero da mãe. In: *Folha de S. Paulo*. Publicado em 14/4/1996. Disponível em: <https://www1.folha.uol.com.br/fsp/1996/4/14/mais%21/20.html>.

LIPTON, B. H. *A biologia da crença.* Editora Butterfly, 2007.

KAISER. M. *Geração Ritalina.* Revista Trip, 2011. Disponível em: <https://revistatrip.uol.com.br/trip/geracao-ritalina>.

NATIONAL GEOGRAPHIC. *ONU alerta que um milhão de espécies estão em risco de extinção*. Ambiente Brasil. Publicado em 08/5/2019. Disponível em: <https://noticias.ambientebrasil.com.br/clipping/2019/05/08/151844-o-nu-alerta-que-um-milhao-de-especies-estao-em-risco-de-extincao.html>.

NEWTON, I. Wikipédia, 2022. Disponível em: <https://pt.wikipedia.org/wiki/Isaac_Newton>.

OLIVETO, P. *Cientistas concluem que o cérebro humano cresceu de forma lenta e consistente.* Correio Brasiliense. Publicado em 3/3/2018. Disponível em: <https://www.correiobraziliense.com.br/app/noticia/ciencia-e-sau-

de/2018/03/03/interna_ciencia_saude,663538/cientistas-concluem-que--cerebro-humano-cresceu-de-forma-lenta-e-consis.shtml>.

ONU. Organização das Nações Unidas. Brasil. *Objetivos do desenvolvimento sustentável.* Agenda 2030. Disponível em: <https://brasil.un.org/pt-br/sdgs>.

ONU. *Os desafios na saúde dos trabalhadores. Risco Legal.* Verde Gaia. Disponível em: <https://vgriscolegal.com.br/blog/os-desafios-na-saude--do-trabalhador/>.

OIT. Organização Internacional do Trabalho. Disponível em: <https://www.ilo.org/brasilia/lang--es/index.htmra>.

PAGLIOSA, F.L. ROS, M.A. *O relatório Flexner: para o bem e para o mal.* Revista Brasileira de Educação Médica. Dez.2008. Disponível em: <https://www.scielo.br/j/rbem/a/QDYhmRx5LgVNSwKDKqRyBTy/?lang=pt>.

PAYMAL, N. *Pedagogia 3000*. Los niños y niñas de hoy y de mañana. Editora Kier, 2016.

PAYMAL, N. *Pedagogia 3000*: guia prático para docentes y uno mismo. 1 ed. Córdoba: Brujas, 2008.

PELLEGRINO, E. *La importante tarea de retener a los alunos: palavras que dejo como ligado Mirta Guelman.* CLG Notícias com la gente. Publicado em 4/2/2019. Disponível em: <https://conlagentenoticias.com/la-importante-tarea-de-retener-a-los-alumnos-palabras-que-nos-dejo-como-legado-mirta-guelman/>.

PERASSO, V. *O que é a 4ª Revolução Industrial ou a Indústria 4.0 e como ela deve afetar as nossas vidas.* Wert Ambiental. Publicado em 15/1/2019. Disponível em: <https://wertambiental.com.br/2019/01/15/industria_4-0/>.

PERASSO, V. *A 4ª Revolução Industrial e os 23 shifts de mudança. Inova Consulting.* Disponível em: <https://www.inovaconsulting.com.br/wp-content/uploads/2017/05/A-4a-Rev-Industrial-e-os-Shfts-de-Mudan%C3%A7a-compressed.pdf>.

PHELPS, M. Wikipédia, 2022. Disponível em: <https://pt.wikipedia.org/wiki/Michael_Phelps>.

PODER 360. *Bilionários tem mais riqueza do que 60% da população mundial.* Publicado em 20/1/2020. Disponível em: <https://www.poder360.com.br/midia/bilionarios-tem-mais-riqueza-do-que-60-da-populacao-mundial/>.

SCHOPENHAUER. *Animais não são artigos para nosso uso.* Vegazeta. Publicado em 9/5/2018. Disponível em: <https://vegazeta.com.br/schopenhauer-sobre-os-animais/>.

SOUSA. R. *Terceira Revolução Industrial.* Brasil Escola. Publicado em 16/1/2022. Disponível em: <https://brasilescola.uol.com.br/geografia/terceira-revolucao-industrial.htm>.

TAJIRI, S. Wikipédia, 2022. Disponível em: <https://pt.wikipedia.org/wiki/Satoshi_Tajiri>.

TARASIUK, K. *Os impactos ambientais da pecuária.* Jornalismo Júnior. Publicado em: 29/5/2019. Disponível em: <http://jornalismojunior.com.br/os-impactos-ambientais-da-pecuaria/>.

TESLA, N. Wikipédia, 2022. Disponível em: <https://pt.wikipedia.org/wiki/Nikola_Tesla>.

UM DOIS ESPORTES. *A Olimpíada de Tóquio 2021 resumida em números.* Publicado em 19/7/2021. Disponível em: <https://www.umdoisesportes.com.br/olimpiadas/a-olimpiada-de-toquio-2021-resumida-em-numeros/#:~:text=11.100,das%20diversas%20competi%C3%A7%C3%B5es%20em%20T>.

VER O FATO. *A fábrica de cretinos digitais.* Publicado em: 1/11/2020. Disponível em: <https://ver-o-fato.com.br/a-fabrica-de-cretinos-digitais-neurocientista-diz-em-livro-que-qi-de-criancas-hoje-e-inferior-ao-dos-pais/>.

VIEIRA, M.G.; PIRES M.H.R.; PIRES O.C. *Automutilação: intensidade dolorosa, fatores desencadeantes e gratificantes.* Publicado em outubro/ dezembro de 2016. Disponível em: <https://www.scielo.br/j/rdor/a/YY3M9NNjQmym-dFGzh758Pck/?lang=pt>.

WELLER, W. *A atualidade no conceito de gerações de Karl Mannheim.* Revista Sociedade e Estado, v.25, n.2, maio/agosto, 2010. Disponível em: <https://www.google.com/search?q=karl+mannheim+o+problema+das+gera%C3%A7%C3%B5es+na+hist%C3%B3ria+da+arte+europeia&oq=Karl+Mannheim&aqs=chrome.1.69i57j35i39l2j46i433i512j0i512l3j69i61.4358j0j7&sourceid=chrome&ie=UTF-8>.